Peter Altenberg

Das macht nichts

Peter Altenberg

Das macht nichts

Neues Altes aus dem Kaffeehaus

marixverlag

Bibliografische Information der Deutschen Nationalbibliothek
Die Deutsche Nationalbibliothek verzeichnet diese Publikation in der
Deutschen Nationalbibliografie; detaillierte bibliografische Daten sind im
Internet über
http://dnb.d-nb.de abrufbar.

Für diese Ausgabe:

© by marixverlag GmbH, Wiesbaden 2012
Redaktion: Stefanie Evita Schaefer, marixverlag GmbH
Covergestaltung: Nicole Ehlers, marixverlag GmbH
Bildnachweis:
Figuren und Ornamente auf dem Dach der Hofburg, Wien, Österreich
Satz und Bearbeitung: Medienservice Feiß, Burgwitz
Gesetzt in der Garamond
Gesamtherstellung:
CPI books GmbH, Ulm
Printed in Germany

ISBN: 978-3-86539-297-8

www.marixverlag.de

INHALT

Bilderbögen des kleinen Lebens – 105

Neues Altes – 123

Semmering 1912 – 139

Fechsung – 161

Nachfechsung – 191

Vita ipsa – 217

Mein Lebensabend – 239

WIE ICH ES SEHE

DIALOG

Er und sie sitzen auf der Bank in einer Linden-Allee.
Sie: Möchten Sie mich küssen?!
Er: Ja, Fräulein – – –.
Sie: Auf die Hand – –?!
Er: Nein, Fräulein.
Sie: Auf den Mund –?!
Er: Nein, Fräulein.
Sie: Oh, Sie sind unanständig – –!
Er: Ich meinte »auf den Saum Ihres Kleides! «
Sie erbleicht – – –.

DE AMORE

Ich liebe dich

Ich liebe dich. Ich liebe deine hellblauen seidenen So-
cken. Ich liebe deine zarten weißen Batistkleidchen.
Ich liebe deine seidenen Gürtel mit den langen wunderbaren Schleifen. Ich liebe dich.
Ich liebe deine drei von dir geliebten Puppen, Mildred,
Baby und Dorothy, welche du an dein Herz drückst
und zu welchen du sagst:»Ihr macht mir viel Kummer,
meine Lieben, wisst ihr das?! Immer gleich verdrückt
und schiefe Hüte – – –! «

Ich liebe dich. Ich liebe den Duft deines Zimmers, deines Kleiderschrankes, deines Bettes. So duften die Rinden der Bäume im Vorfrühling, wenn noch kein Laub ist und alle Kraft im Baume drinnen liegt. Ich liebe dich.

Ich liebe dich, wenn du gestraft wirst und du eine Träne wirst, wie Daphne ein Baum.

Die Großen weinen. Aber die Kleinen werden Tränen. Ich liebe dich. Noch lehnst du lächelnd an dem Tor des Lebens. Ich liebe dich.

Weltenweisheit hast du – – – da du noch nichts weißt. Pallas Athene du! Unbeirrten Auges thronst du auf dem weißen Throne deiner Kindlichkeiten! Ich liebe dich.

Ah, melde mir die Nacht, in der die grausame verzerrungsfreudige Natur zum Weib dich macht!

Dann will ich Abschied nehmen – – – von meiner Liebe.

Ich hasse dich

Ich hasse dich, Geliebte! Ich hasse deine schönen seidenen Blusen, die deines Atmens Wellenschlag mir weisen und meiner Sinne »griechisches Lächeln« zum Ernste des Barbaren zwingen. Ich hasse dich.

Ich hasse deiner Worte Willkürherrschaft, die mich erbleichen und erröten machen, krank und gesund, blöde und weise. Ich hasse dich.

Ich hasse deine Schönheit. Deine Schönheit hass' ich, die mir Ersatz für Weltenschönheit wird und so mit Blindheit schlägt mein Weltenauge.

Ich hasse deiner Stimme holden Klang, der mir Beethovens Symphonien leer macht und so mein Ohr betrügt um Welten-Klänge! Ich hasse dich!

Ich hasse dich, die meine Weltenkräfte, die zersplittern und verkommen wollen, allzu sorglich ins Dienstesbette drängt.

Vorsorglich! Gescheite! Ich hasse dich.

Ich hasse dich, »fixe Idee meiner Seele«!

Ich hasse dich, wenn du mir sagst: »Komm' wieder«, ich hasse dich, wenn du mir sagst: »Oh bleib'«. Denn ich, ich komme wieder und ich bleibe Beschränktheit meiner Schrankenlosigkeiten! Ich hasse dich!

Ich hasse deine Tugenden, die mich rühren, ich hasse deine Fehler, die mich nie verletzen.

Ich hasse dein Erröten, das mich selig und dein Erbleichen, welches mich besorgt macht. Ich hasse dich, dass ich auf diesem geliebten Antlitz die Runen schwerer Stunden ängstlich lese.

Die grenzenlosen Kräfte meiner Seele vermählen sich dem All nicht, sie treiben Ehebruch mit deinem Herzen, oh Geliebte!

So hass' ich alles, was ich an dir liebe. Ich hasse dich!

Weltendummheit hast du! Denn du fühlst in mir des Weltenganzen einfachen Vertreter, *das Weltgebilde, das du nicht begreifst, in einem Weltextrakte,* den *du fassen* kannst.

Ich aber bin es nicht. Ich kann es werden. Doch nicht bei dir und nicht durch dich, Geliebte! Nur durch die Weltenschönheit kann ich's werden, die mit dem Kreidewald und Farrenwald begann und weiterzieht bis zu den letzten Stunden.

Durch Weltenschönheit kann ich's werden, die ihrer Kräfte endelose Ströme durch meine heiligen Augen in mich ergösse, und ich, ich tränke sie und machte sie zu Blut, zu Geist!

Doch deine Ströme, oh geliebteste Geliebte, machen mich nur zum Herren des Alltages, der zeugt und stirbt. Ich hasse dich! Indem du mich von meinem Weltenwege ablenkst, zeigst du den kargen Weg mir, der vielleicht mir ziemt. Und weist mit deines Leibes griechischer Schönheit den kleinen Kreislauf, der dem Schwächeren frommt! *Wer Ruhe sucht im Weibe, ist kein Wanderer!!*

Und doch! Geliebte Reichmacherin, die du mir die Welt verarmst!

Siehe! Des *fremden* Kindes Lächeln muss mir teurer bleiben als meines *eigenen* Lachen!

Weib, verstehst du das?!!

Denn meine väterliche Liebe reicht gerade aus für alle Kinder, die da sind und die da kommen werden, wenn sie nur schön sind und der Frühling sind.

Tausendfach armselig, tausendfacher Un-Mann, wer da fühlt, dass er, um seines Herzens Vaterliebe anzubringen, sich erst ein Wesen schaffen muss dazu!!

Du aber bleibst, Geliebte und Gequälte, die heilige Jungfrau-Mutter! Und sonst nichts.

Geliebte Lügnerin, die du mich leitest zu Höhen, um mich zu *deinen* Höhen nur *herabzuleiten!* Ver-Führerin! Ich hasse dich.

Ah, melde mir den Tag, da ich dich nicht mehr liebe
– – – dann will ich Abschied nehmen – – von meinem
Hasse!!

Ich liebe dich

Sie: »Wie werden Blätter gelb?!«
Er: »Das grüne Chlorophyll des Blattes verwandelt sich
in Gelbstoff, Xantophyll, unter dem Einflusse der Kälte.«
Sie: »Wie werden Blätter rot?!«
Er: »Das grüne Chlorophyll des Blattes verwandelt sich
in Rotstoff, Erythrophyll, unter dem Einflusse der Kälte.«
Sie: »Und schwarz?!«
Er: »Das ist das Sterben des Blattes. Wenn es nicht mehr
Kraft hat, Farben umzuwandeln, wird es schwarz.«
Sie: »Und Blätter werden Erde?!«
Er: »Ja. Der Schnee zermürbt sie, präpariert sie vor.«
Sie: »Lehre mich Botanik. Aber nicht wie in der Jugend,
wie viele Staubgefäße jede Blume hat, wie sie lateinisch
heißt, wo man sie findet. Lehre mich das Tiefe, wie sie
wird und stirbt und niemals aufbegehrt und wieder
wird und stirbt und wieder stirbt und dann doch auf-
lebt – – –.«
Er: »Anatomie, Physiologie der Pflanzen?!«
Sie: »Ja, das.«
Er: »So komm. Es ist zu kalt zum Sitzen im Freien. Und
wir sind in Jahren – – –. Wir brennen Holz im Ofen und
ich lehre dich, wie junge Stämme ihren Ring ansetzen.
Vor allem, weißt du, wenn im ersten Frühjahr – – –.«
Und sie ging schweigend, lauschend neben ihm.

DER REVOLUTIONÄR HAT
SICH EINGESPONNEN

Kannst du dir vorstellen, mein Freund, dass ein Botaniker, mit dem »unheiligen organischen Hunger« in seinen Nerven, fähig sei, ein Gericht von Erbsen oder Blumenkohl auf sein Wesentliches zu prüfen?! Und ihr, Un-Gelehrte, mit eurem »unheiligen organischen Hunger« in den Nerven, unterfangt euch, dieses zarteste Gebilde »Weib« zu diagnostizieren?!
Elende! *Von eurem Hunger aus!*
Sein eigenes Leben nicht ernster nehmen als ein Stück von Shakespeare! Aber auch nicht minder ernst! Sich von dem Leben in Besitz nehmen lassen wie im Theater. Das Theater des Lebens. Der ideale Zuschauer seiner selbst sein! Ganz drin sein und dennoch aus den facheusen Komplikationen herauskommen können in die frische Nachtluft; erlebt haben, was man nicht erlebt hat, nicht erlebt haben, was man erlebt hat!
So reinigst du dich von dir selber!!
Und die »Tragödien deiner selbst« bringen dir das Lächeln – – der Weisheit!
Die tragischen Schwächungen: Essen, wenn man nicht hungrig ist. Trinken, wenn man nicht durstig ist. Sich bewegen, wenn man Ruhe-bedürftig ist. Sich begatten, wenn man Liebe-los ist.
In Weisheit führt uns die Natur! Wenn wir hungern, zum Brote. Wenn wir dürsten, zum Wasser. Wenn wir

müde sind, zum Schlafe. Wenn wir Liebe-voll sind, zum Weibe.

Der Mann legt die Frauen-Seele auf das Prokrustes-Bett seiner Bedürfnisse.

Alles verzeih' ich dem Mann – – nur nicht das *vergebliche* Ringen! Schweigend verhülle dein Haupt, *Cäsar des Lebens*, wenn Brutus, das Schicksal, tödlich gegen dich stößt! *Vergebliches* Ringen geziemet dem Weibe, der *Sklavin des Lebens*! Noch, im Abgrunde schwebend, krümmt sie die Finger zum Griff!!

Das *Unvermögen*, sich mit einem anderen Weibe zu vereinigen als jenem, welches man mit der Seele liebt, ist – – *göttliche Potenz!*

Der Mann hat eine Liebe – – die Welt!

Die Frau hat eine Welt – – die Liebe!

Der vorsichtige feige Lebens-Mensch versetzt seine Ideale vermittels der Religionen in die Sterne, in den Himmel, um sich das Vergebliche eines Versuches, denselben nahe zu kommen, zu beweisen.

Der unbedenkliche und kühne Künstler-Mensch versetzt sie in seine eigene Brust, um ihnen nicht entrinnen zu können!

Die Frau ist die vom Schöpfer in die Welt gesetzte göttliche Wunsch-Maid Brunhilde, der »Weib gewordene« Wunsch Gottes selbst: Mann, werde Gottgleich! Werde All-gütig, All-weise und All-mächtig, deines eigenen Alls mächtig, über dich selbst die Macht habend!

Aber diese anderen fordern: Mann, sei Tier! Teufelinnen!

Mann, Herr des Lebens! Wann wirst du dich endlich entschließen, dich mit dem geliebten Weibe in einen anderen Kontakt zu setzen als den, welchen du mit dem Hunde, dem Paviane und dem Schweine gemeinsam zu haben die Ehre und das Vergnügen hast?!!

Gehört die Almwiese dem Hias'l, der sie bewirtschaftet?!

Sie gehört dem Wanderer, der sie empfindet!

Der Künstler-Mensch verlangt von seinem Weibe nur eine einzige Treue – – –, dass sie ihm die Rasse nicht verschandele!

Schönheit, Vervollkommnungen träumt er. Das ist seine Liebe!

Aber diese anderen wollen – – – sich fortpflanzen. Ha ha ha ha – – auch eine Art, Vervollkommnungen zu träumen!

Ich will ein König sein, der bettelt bei einer Königin, nicht ein Bettler, der König ist bei einer Bettlerin!!

Die Eifersucht ist keine Leidenschaft. Sie ist eine Furcht! Die tiefste Furcht, die ewige des Lebens, die unentrinnbare organische Furcht, etwas zu verlieren, ohne das man nicht mehr lebendig sein kann – – seine Lunge, sein Rückenmark, sein Gehirn, das Herz des anderen, welches unseres geworden ist und welches unseren Blutkreislauf erhält und schützt wie das eigene. Wie wenn dieses stille stünde, ist der Verlust des anderen. Die Eifersucht ist keine Leidenschaft! Die Eifersucht ist eine Furcht, die ewige organische unentrinnbare, innerlich sterben zu müssen! Eine Todesfurcht!

Indem der Dichter das »Reich, das da kommen wird«, *in sich trägt* und das »Reich, das da ist«, *erlebt*, befindet er sich in Frieden mit jenen neuen Ansprüchen der Seele, welche die alten Herzen der anderen in Unruhe versetzen und zerstören. Denn die Unruhe ist die Wirkung des »Ungewissen«. Der Dichter aber *weiß* in sich, was *kommen* wird!! In Ruhe wartet er und singt indessen und verkündet!

Es gibt *drei* Idealisten: Gott, die Mütter, die Dichter!

Sie suchen das Ideale nicht im *Vollkommenen* – – – *sie finden es im Unvollkommenen.*

Ökonomie:

»Du sollst erst essen, bis du hungrig bist und schon aufhören, ehe du satt bist«, ist ein tieferes, göttlicheres Gesetz als »Es soll dich nicht gelüsten nach – – « und anderes. Denn jenes macht diese entbehrlich. In ihm liegt die Kraft, die Ruhe, die Weisheit, die Wahrheit und das Glück!!

Im Ausdrucke des Antlitzes steht es mit einfachen klaren Linien geschrieben: »Hier herrscht das teuflische Überflüssige« oder: »Hier regiert die göttliche Notwendigkeit«! Mehr Dampf in einer Lokomotive erzeugen als nötig ist für ihre höchste Bewegung, ist die Tat eines wahnsinnig gewordenen Maschinenführers.

So ist der Mensch!

Er rast dahin den Weg des Lebens und wird zu Brei zermalmt auf seiner Strecke!

Mode-Journal:

Dein Gewand sei die Erweiterung und Fortsetzung deines Wesens über die Epidermis hinaus. Die letzte Hülle deiner Seele, die dich enthüllt! Faltenreiches weites Gewand ist das Symbol deiner Vergeistigung, deiner Immaterialisierung! Der Körper verschwindet, und es bleibt weite reiche fließende Bewegung. Weiche seidene Stoffe in tausend Plissées sind daher die wahre »*englische Mode*«. Je mehr Bewegung ein Gewand dir gestattet, desto göttlicher ist es. Das schönste Gewand wären Flügel!

Die Frauenseele ist bescheiden: Sie sucht Jesus Christus und Napoleon, Diogenes und Hölderlin vereint in *einem* Wesen! Diese einzige Wahrheit des noch Lüge-losen und Konzessions-freien Herzens nennen die Hunde: Backfisch-Träume!

Der Schlaf ist der heilige Versuch der Natur, die Tages-Wunden zum Verheilen zu bringen. Den Schlaf vorzeitig unterbrechen, heißt, heilige Verbände vernarbender Wunden wegreißen!

Man fragte eine Mutter: »Wie erziehen Sie Ihr Töchterchen?!«

»Ich lasse sie schlafen – –«, antwortete diese Beste, Weiseste.

Die Frau stellt in ihrer »schönen Form« das dar, was der Künstler-Mensch in seinem »schönen Geiste« zum Ausdruck bringt. Die Genialität ihres Leibes ist gleich der Genialität seines Geistes. Ihr Leib ist sein »Materie gewordener« Geist. Sein Geist ist ihr entmaterialisierter Leib. Was er »denkt«, »ist« sie!

Die überschüssigen Kräfte seiner Seele loswerden können in Räuschen, in Ekstasen! Das ist die Hygiene der Herzen, welche – – an überschüssigen Kräften leiden.

Aber die zarte Frauenseele hat nur Träume. Träume sind keine Ekstasen. Träume sind keine Räusche. Es sind die – – Träume von Räuschen! Sie kann ihre überschüssigen Kräfte nicht loswerden. Sie hat keine Hygiene. Sie bleibt überladen, krank. Die Hunde aber sagen: »Hysterisches Frauenzimmer!« Das ist ihre Rache für die Ekstasen, die sie nicht bereiten – –!

Wenn ich *denke, rede* ich – – – wenn ich *liebe, begehre* ich.

Sonst bleibe ich ewig *stumm!*

Das ist *Menschentum*!!

Menschentum ist: *schweigen,* wenn Geist und Seele nicht sprechen! Es ist tönender, ins Wort, in Begattung sich aussprechender, sich offenbarender, sich erlösender Geist! Das Wort, das ich spreche, der Kuss, den ich gebe, sind die heiligen Geburten des Geistigen in mir zu »lebendigem Leben«, zu »physischer Tat«!

Treue ist das »*Gesetz der Trägheit*« der Seele.

Ah, *treue* Seelen, wie treulos seid ihr eurem Werden!

Die Frau ist ihre Sehnsucht!

Das, was sie *nicht* geworden ist, *ist* sie!

Dieses zweite geheimnisvolle Leben der Frau will zum Leben kommen, geboren werden, sein!

Indem sie eine Tochter gebiert, gebiert sie ihre »Sehnsucht« zu einem »lebendigen Organismus« aus und kann zur Ruhe kommen ihrer drängenden Kräfte. Die Frau ist ein Halb-Wesen. Sie und ihr Töchterchen zusammen sind erst *Eines!* In dieser will sie erst *sich selbst erleben, die nie lebte!*

Heilige Zwei-Einigkeit!! Der *»Sehnsucht seiende« Mensch und seine »Mensch gewordene« Sehnsucht!* Wehe dir, tochterlose Frau! Wo wirst du dieses ungeborne Leben »Sehnsucht« anbringen, dass es zur Welt komme?!

Eine junge Dame sagte einmal: »Niemand versteht A. K. – – – denn jeder Satz ist schon der achte Satz.«

Die vorhergehenden sieben Sätze überlässt er uns! So eine Achtung hat er vor unserem Herzen, unserem Geiste. Wie mit »Mündigen des Lebens« verkehrt er mit uns. Wie ein Kapellmeister der Hof-Oper mit seiner Künstlerschar. Bescheiden sitzen sie an ihren Pulten, blicken vertrauensvoll hin und verstehen seine Intentionen.

Aber mit euch müsste er reden wie mit Schulbabys: »a, a, a, a, b, b, b, b.

Sehet! Wenn man mir am Klaviere die sieben Noten anschlägt: a, f, e, gis, a, ais, h, so spüre ich das ganze Liebes-Leid Isoldens! «

Glückliche Liebe?! Eine, die das Unglück hat, dass ihr der »heilige Weg« durch ein Ziel abgeschnitten wird.

Unglückliche Liebe?! Eine, die das Glück hat des »ewig Wandernden zur Sonne«.

Auch Bewegung ist ein Rasten – – vom Rasten!

Auch die Dissonanz hat *ihre Idee! Ihre Idee* ist die *Sehnsucht* nach Erlösung in der Konsonanz. Konsonanz?! Eine Dissonanz, die ihre Idee verloren hat.

Keuschheit?!

Organe, welche bisher *Selbstherrscher, Caracallas* waren, in die *heiligen und ausschließlichen Dienste* des Kaisers »Seele« zwingen!! Sie zu *heiligen Vollstreckern* kaiserlicher Befehle *erhöhen*!!

Christentum?! Heidentum?! Einen einzigen *Menschen* gab es bis heute.

In *Keuschheit* wurde Er geboren! Daher bekam Er nur *Reines* mit. Und konnte Liebe *geben* ohne *Gegendienste*!! Und um Liebe *sterben*, weil die »*blöde Leidenschaft des Lebens*« ihn nicht zeugte und sich nicht in seine Nerven grub!

Wandle seine Bahnen!

Dante Alighieri stand in einem Lorbeer-Walde 16 Jahre und wartete auf Beatrice – – –.

Diese anderen aber warten einen Tag – – und gehen dann doch in die »Kleine Blutgasse; nicht läuten, klopfen«!

EIN SCHWERES HERZ

Es steht mitten zwischen Wiesen und Obstgärten ein riesiges gelbes Haus. Es ist ein Mädchen-Institut der »Englischen Fräulein«. Es gibt viele »heilige Schwestern« darin und viel Heimweh.

Manches Mal kommen die Väter an, besuchen ihre
Töchterchen. »Papa, grüß dich Gott – – –.«
In dieser einfachen Musik »Papa, grüß dich Gott – – –«
liegen die tiefen Hymnen der kleinen Herzen. Und in
»Adieu, Papa – –« verklingen sie wie Harfen-Arpeggien!
Es war ein regnerischer Land-November-Sonntag. Ich
saß in dem lieben kleinen warmen Café und rauchte
und träumte – – –.
Ein schöner großer Herr trat ein mit einem kleinen
wunderbaren Mädchen.
Es war eigentlich ein Engel ohne Flügel, in einer gelb-
grünen Samt-Jacke.
Der Herr nahm an meinem Tische Platz.
»Bringen Sie ›Illustrierte Zeitungen‹ für die Kleine«,
sagte er zu dem Marqueur.
»Danke, Papa, ich möchte keine – – –«, sagte der Engel
ohne Flügel.
Stille – – –.
Der Vater sagte: »Was hast du – – –?!«
»Nichts – – –«, sagte das Kind.
Dann sagte der Vater: »Wo seid ihr in Mathematik?!«
Er meinte: »Sprechen wir über etwas Allgemeines. In
der Wissenschaft findet man sich – – –.«
»Kapitalrechnungen«, sagte der Engel. »Was ist es?!
Was bedeutet es?! Ich habe keine Idee. Wozu braucht
man Kapitalrechnungen?! Ich verstehe das nicht – – –.«
»Lange Haare – kurzer Verstand«, sagte der Vater lä-
chelnd und streichelte ihre hellblonden Haare, welche
wie Seide glänzten.

»Jawohl – – «, sagte sie.

Stille – – –.

Ich habe ein so trauriges Gesichterl nie gesehen! Es erbebte gleichsam wie ein Strauch unter Schnee-Last. Es war, wie wenn Eleonora Duse sagt: »Oh –!« Oder wenn Gemma Bellincioni es singt – – –.

Der Vater dachte: »Geistige Arbeit ist eine Ablenkung. Und jedesfalls, kann es schaden?! Man wiegt die Seele ein – –. Man muss das Interesse wecken. Natürlich schläft es noch – – –.«

Er sagte: »Kapitalrechnungen! Oh, es ist interessant. Das war seinerzeit meine Force (ein Schimmer des vergangenen Kapitalrechnung-Glückes huschte über sein Antlitz). Zum Beispiel – – warte ein bisschen – – zum Beispiel jemand kauft ein Haus.

Hörst du zu?!«

»Oh ja. Jemand kauft ein Haus.«

»Zum Beispiel euer Geburtshaus in Görz. (Er machte die Sache spannender, indem er geschickt Wissenschaft und Familienverhältnisse in eine ziemlich nahe Beziehung brachte.) Es kostet 20 000 Gulden. Wie viel muss er an Zins einnehmen, damit es 5% trage?!«

Der Engel sagte: »Das kann niemand wissen – –, Papa, kommt Onkel Viktor noch oft zu uns?!«

»Nein, er kommt selten. Wenn er kommt, setzt er sich immer in dein leeres Zimmer. Merke auf. 20 000 Gulden. Wie viel ist 5% bei 20 000 fl.?! Nun, doch jedesfalls soviel mal 5 Gulden, als hundert in 20 000 enthalten ist!? Das ist doch einfach, nicht?!«

»Oh ja – – –«, sagte das Kind und begriff nicht, warum Onkel Viktor so selten komme.

Der Vater sagte: »Also wie viel muss er einnehmen?! Nun, 1000 Gulden ganz einfach.«

»Ja, 1000 Gulden. Papa, raucht die große weiße Lampe im Speisezimmer noch immer beim Anzünden?!«

»Natürlich. Also hast du jetzt eine Idee von Kapital-rechnung?!«

»Oh ja. Aber wieso trägt Geld überhaupt Zinsen?! Es ist doch nicht wie ein Birnbaum?! Es ist doch ganz tot, Geld.«

»Dummerl – – –«, sagte der Vater und dachte: »Übrigens, es ist Sache des Institutes.«

Stille – – –.

Sie sagte leise: »Ich möchte nach Hause zu euch – –.«

»No, du bist doch ein gescheites Mäderl, nicht –?!«

Zwei Tränen kamen langsam die Wangen heruntergeschwommen.

Erlösung! Tränen! Schimmernde Perlen gewordenes Heimweh!!

Dann sagte sie lächelnd: »Papa, es sind drei kleine Mädchen im Institute. Die Älteste darf drei Buchteln essen, die jüngere nur zwei und die Jüngste eine. So diätetisch sind sie! Ob sie nächstes Jahr gesteigert werden?!«

Der Vater lächelte: »Siehst du, wie lustig es bei euch ist?!«

»Wieso lustig?! Uns kommt es so vor, weil es lächerlich ist. Das Lächerliche ist doch nicht das Lustige?!«

»Kleine Philosophin – –«, sagte der Vater glücklich und stolz und sah an den feuchtglänzenden Augen seines Töchterchens, dass Philosophie und Leben zweierlei seien.

Sie wurde rosig und bleich, bleich und rosig –. Wie ein Kampf war es auf diesem süßen Antlitz. Es stand darauf geschrieben: »Adieu, Papa, oh, adieu –.«

Ich hätte dem Vater gerne gesagt: »Herr, schauen Sie dieses Marien-Antlitz an! Sie hat ein brechendes kleines Herz! – – –.«

Er hätte mir geantwortet: »Mein Herr, c'est la vie! So ist das Leben! Es können nicht alle Menschen im Kaffeehaus sitzen und vor sich hinträumen – –.«

Der Vater sagte: »Wie weit seid ihr in Geschichte?! «

Er dachte: »Man muss sie ablenken. Das ist mein Prinzip.«

»Wir sind in Ägypten«, sagte das kleine Mädchen.

»Oh, in Ägypten«, sagte der Vater und machte, wie wenn dieses Land einen wirklich ganz ausfüllen könne. Er war geradezu erstaunt, dass man sich noch etwas anderes wünsche als Ägypten.

»Die Pyramiden«, sagte er, »die Mumien, die Könige Sesostris, Cheops! Dann kommen die Assyrer, dann die Babylonier – – –.«

Er dachte: »Je mehr ich aufmarschieren lasse, desto besser.«

»So?! «, sagte das Kind. Wie wenn man sagt: »Versunkene Völker – – –! «

»Wann habt ihr Tanzen?!«, sagte der Vater. Er dachte: »Tanzen ist ein lustiges Thema.«

»Heute – –.«

»Wann?!«

»Gleich, wenn du weggefahren sein wirst. Dann ist Tanzen, von 7–8.«

»Oh, Tanzen ist sehr gesund. Tanze nur fleißig –.«

Als der Herr sich erhob, um wegzugehen, und mich freundlich grüßte, sagte ich: »Verzeihen Sie, mein Herr, oh verzeihen Sie mir, ich habe eine große, große Bitte an Sie – – –.«

»An mich?! Was ist es?!«

»Oh bitte, lassen Sie heute Ihr Töchterchen von der Tanzstunde dispensieren.«

Er sah mich an – – – und drückte mir die Hand. »Gewährt!«

»Wieso verstehst du mich, fremder Mensch?!« sagte der Engel zu mir mit seinen schimmernden Augen.

»Gehe voraus – – –«, sagte der Herr zu dem Kinde.

Dann sagte er zu mir: »Pardon, halten Sie es für ein richtiges Prinzip?!«

»*Jawohl*«, sagte ich, »*was die Seele betrifft, ist das einzige Prinzip, keine Prinzipien zu haben!*«

Genesung

Weil einer nicht an Typhus *starb*,
war's darum bloß ein *leichtes Fieber*?!?
Glauben Gnädige an eine Liebe nicht,
weil einer nicht daran *verdarb*?!?
Verbrannt zu Asche, hebt der *Phönix* sich,
verklärt durch Schmerz, in Himmelshöhen – – –

versengst du einem *Sperling* sein Gefieder,
erhebt er sich nie wieder!

EIN LIEBESGEDICHT

Rosig will ich, muss ich dein geliebtes Antlitz sehen – – –
Und wenn ich es mit meinem Herzblut rosig färben
müsste!
Rosig muss ich dein geliebtes Antlitz sehen,
Rosig und mit dem süßen kindlichen Ausdruck des
Wohlergehens!
Aber bleich bist du mir nun geworden seit Tagen,
Und unendliche Müdigkeit dämmert in deinen sonst
lichten Augen!
Geliebtestes Geschöpf dieser Erde, was ist dir?!?
Mir bangt so schrecklich – – –.
Willst du den Prinzen in deinen Armen haben?!?
Willst du den romantischen Gymnasiasten?!?
Willst du den Kellner, der dir serviert?!?
Willst du den Fremden, der auf der Straße gebannt
verweilt?!?
Willst du den Bäckerjungen, der morgens Brot bringt?!?
Bleich bist du mir nun geworden, seit Tagen,
Geliebtestes Geschöpf dieser Erde – – –
Bleich bist du mir geworden und kränklich!
Brauchst du Räusche?!?
Ich, ich kann sie dir *nicht mehr* geben – – –
Denn der tückische Mörder »*Gewohnheit*« schlich sich
hinterrücks in deine zarte Seele ein –.

Geliebteste,
Rosig will ich, *muss ich* dein geliebtes Antlitz sehen – – –
Und wenn ich es mit meinem Herzblut rosig färben
müsste!!

SCHLEHDORNZWEIG

Anfangs Juli, an einem Feiertage.
Es war ein Gekribbel von Menschen, wie in einem aufgestörten Ameisenhaufen. Auch so lange, gedrängte Kolonnen von Kommenden und Gehenden. In dem wunderbaren weiten Alleen-beschnittenen herzoglichen Parke.
Alles war so wohlgepflegt und wohlbehütet, so sicher bewahrt vor der dummen Leidenschaft der Kinder und der Kindlichen!
Da brach die Herrliche einen Zweig von Schlehdorn ab.
Der Dichter sagte ihr sogleich: »Wenn jeder hier einen solchen Zweig sich bräche, wäre der wunderbare Garten in einer Stunde devastiert!«
Sie schwieg. Sie begehrte auf mit der Weltordnung, setzte ihren Willen auf den Thron!
Dann sagte er: »Wir müssen beim Haupttore an den herzoglichen Gendarmen vorüber. Werfen Sie doch, bitte, den Zweig weg!«
»Ich mag es nicht. Er ist schön und ich behalte ihn. Ich mag ihn gern – – –.«

»Es steht nicht dafür, mit der Welt und ihren immerhin soliden Einrichtungen aufzubegehren wegen eines Schlehdornzweiges!?! Werfen Sie ihn doch weg!«

»Pfui, P. A., Sie haben keinen Sinn für Freiheit, Sie sind feig! Ich mag Sie nicht!«

Er schwieg. Sie ging mit ihrem Schlehdornzweige.

Beim Haupttore stand ein langer junger Gendarm. Er sah den Zweig in der Hand der Herrlichen, wandte sich momentan, fast verlegen, nach einer anderen Seite um.

Wir kamen über den weiten edlen Vorplatz. »Nun, sehen Sie?!?«, sagte sie.

Er schwieg. Sie stiegen in den Wagen, fuhren zur Stadt.

Er sagte: »Wenn jeder von den Besuchern des wunderbaren Parkes sich einen solchen Zweig bräche, wäre dieser in einer Stunde devastiert!«

Sie saß triumphierend da und spielte mit ihrem Schlehdornzweige.

Sie war wunderbar schön, so kindisch-siegreichtrotzig.

Er dachte: »Weshalb, Süßeste, hat man dir deinen Hintern nicht durchgehaut, seinerzeit?!? Heute freilich wäre es bereits schade – – –.«

ASHANTEE

Der Kuss

Ich saß auf einer Gartenbank im »Tiergarten«. Auf meinem Schoße saß Bibi Akolé und zählte ihr Geld, welches in drei Portemonnaies wundervoll verteilt war, in jedem Fache 25 Kreuzer, Geschenke von Bewunderern.

Eine wunderschöne junge Dame kam und ihr Gatte.

Akolé sah die Dame an, stand auf, ging auf sie zu, breitete die Arme aus, wollte sie auf den Mund küssen, weil sie schön war.

Die Dame wich zurück.

Das Kind schmiegte sich an mich an, tief beschämt.

»Madame – –«, sagte ich, »ich bitte Sie, ich bitte Sie – – –.«

»Nicht auf den Mund – –«, sagte die Dame verlegen.

Ich nahm Akolé in meine Arme, küsste ihren geliebten Mund, dessen Atem wie der Hauch von Abend-Wiesen war.

»Tue es doch – – –«, sagte der Gatte, »il sera offensé«.

»Ich kann nicht – – –«, sagte die wunderschöne junge Dame.

Da sagte ich: »Diese Dame ekelt sich vor dir, Akolé. Wie eine dumme stupide Mutter benehme ich mich, welche die anderen Menschen nicht begreift. Verzeihen Sie mir, Madame. Ich war wie eine stupide Mutter, das Dümmste, das Beschränkteste, was es auf der Erde gibt. Die Liebe eines Vogelgehirnes ganz einfach.«

Die Dame gab dem Kinde eine Krone.
Das Kind gab sie zurück, sogleich.
Der Gatte dachte: »War das Ganze notwendig?! Solche
Überspanntheiten.«
Die Dame sagte Adieu, gab mir die Hand, blickte mich
traurig an.
Langsam ging das Ehepaar weg.
Akolé verkroch sich in meinen Armen, die sich in un-
ermesslicher Liebe um sie schlossen.

PARADIES

»Was möchtest du am liebsten von der Welt, Tíoko?!«
»Green bills cutted, Sir – – –.« (Geschliffene grüne
Glasperlen.)
»Und?!«
»And lila bills cutted, Sir – – –.«
»Und?!«
»And nothing, Sir – – –.«

PHYSIOLOGISCHES

Können Negerinnen erröten?!
Negerinnen können erröten. Wie kupferfarbig werden
sie, gleichsam heller. Zum Beispiel, wenn du ihre Hän-
de küsst, dich wie ein Kavalier benimmst.
Können Negerinnen erbleichen?!
Nein, im Gegenteile. Sie – – – erdunkeln!

Zum Beispiel, wenn du – – – dich nicht wie ein Kavalier benimmst.

Dann – – – erdunkeln sie!

WAS DER TAG MIR ZUTRÄGT

MOTTO

Nicht *dir* und *einem* gib das Gute, das du gefunden auf
deinen schweren Wegen – – –, gib es *allen*!
Auf dass an deinem armseligen Erden-Wallen
der eine oder der andre *Klärung* finde!
Gib auf die feige Vorsicht, *gleichgesinnten* Herzen dich
zu eröffnen – – –
sei stark, *wirf's in die Welt*!
Und wenn in Fernen eine zarte Seele
erbebt beim Wort, das du ins All verkündet,
so wird der Schauer dieser Milden, Sanften,
hindringen durch die Welten bis zu dir!

Lass sie *Teil*-nehmen!
Doch Harpagons des eignen Daseins sind die andern,
die in perfiden Diskretionen ihre Wege wandern!
Die können sich nicht mit-*teilen*.
Sie *brauchen sich für sich* und sind verschwiegen.
Ein *Spiegel sei der Dinge um dich her*!
Dazu jedoch gehören *Kraft* und *Liebe*.
Kraft, um im Tag-Gedränge ruhig zu *erfassen* und *Lie-
be*, um, dem *eignen Sein entrückt*,
das *Fremde* in sich einströmen zu lassen!
Was mir das Leben *zuträgt*, geb'ich *zurück* den Lebendigen,
um so den *Geistes-Kreislauf* zu beendigen!

SELBSTBIOGRAPHIE

Ich bin geboren 1862, in Wien. Mein Vater ist Kauf-
mann. Er hat eine Eigenheit: Er liest nur französische
Bücher. Seit 40 Jahren. Über seinem Bette hängt ein
wunderbares Bildnis seines Gottes »Victor Hugo«. Er
sitzt abends in einem dunkelroten Lehnstuhle, liest die
»Revue des deux Mondes«, und hat einen blauen Rock
an mit breitem Sammetkragen à la Victor Hugo. Nein,
einen solchen Idealisten gibt es nicht mehr auf dieser
Welt. Man fragte ihn einmal: »Sind Sie nicht stolz auf
Ihren Sohn?!«
Er erwiderte: »Ich war nicht sehr gekränkt, dass er 30
Jahre lang ein Tunichtgut gewesen ist. So bin ich nicht
sehr geehrt, wenn er jetzt ein Dichter ist! Ich gab ihm
Freiheit. Ich wusste, dass es ein Va-banque-Spiel sei.
Ich rechnete auf seine Seele!«
Jawohl, edelster, merkwürdigster aller Väter, lange habe
ich dein göttliches Geschenk der Freiheit missbraucht,
habe edle und ganz unedle Damen heiß geliebt, bin in
Wäldern herumgelungert, war Jurist, ohne Jus zu studieren, Mediziner, ohne Medizin zu studieren, Buchhändler, ohne Bücher zu verkaufen, Liebhaber, ohne
je zu heiraten, und zuletzt Dichter, ohne Dichtungen
hervorzubringen! Denn sind meine kleinen Sachen
Dichtungen?! Keineswegs. Es sind Extrakte! Extrakte
des Lebens. Das Leben der Seele und des zufälligen
Tages, in 2–3 Seiten eingedampft, vom Überflüssigen
befreit wie das Rind im Liebig-Tiegel! Dem Leser blei-

be es überlassen, diese Extrakte aus eigenen Kräften wieder aufzulösen, in genießbare Bouillon zu verwandeln, aufkochen zu lassen im eigenen Geiste, mit einem Worte, sie dünnflüssig und verdaulich zu machen. Aber es gibt »geistige Mägen«, welche Extrakte nicht vertragen können. Alles bleibt schwer und ätzend liegen. Sie bedürfen 90 Prozent Brühe, Wässerigkeiten. Womit sollten sie die Extrakte auflösen?! Mit »eigenen Kräften« vielleicht?!

So habe ich viele Gegner, »*Dyspeptiker der Seele*« ganz einfach! Schwer Verdauende! »*Fertig werden*« ist *für den Künstler alles. Sogar mit sich selbst fertig werden*! Und dann, ich halte dafür: Was man »weise verschweigt« ist künstlerischer, als was man »geschwätzig ausspricht«. Nicht?! Ja, ich liebe das »*abgekürzte Verfahren*«, den *Telegramm-Stil der Seele*!

Ich möchte einen Menschen *in einem Satze* schildern, ein Erlebnis der Seele *auf einer Seite*, eine Landschaft *in einem Worte*! Lege an, Künstler, ziele, triff ins Schwarze! Basta. Und vor allem *Horche auf dich selbst*! *Gib deinen eigenen Stimmen in dir Gehör! Habe kein Schamgefühl vor dir selbst*! Lasse dich nicht abschrecken durch ungewohnte Laute! Wenn es nur die deinigen sind! *Mut zu deinen Nacktheiten*!!

Ich war nichts, ich bin nichts, ich werde nichts sein. Aber ich lebe mich aus in Freiheit und lasse edle und nachsichtsreiche Menschen an den Erlebnissen dieses freien Inneren teilnehmen, indem ich dieselben in gedrängtester Form zu Papier bringe.

Ich bin arm, aber *ich selbst*! Ganz und gar *ich selbst*!
Der Mann ohne Konzessionen!
Wohin bringt man es damit?! Zu 100 Gulden monatlich und einigen warmen Verehrern.
Nun, die habe ich!
Mein Leben war der unerhörten Begeisterung für Gottes Kunstwerk »Frauenleib« gewidmet! Mein armseliges Zimmerchen ist fast austapeziert mit Akt-Studien von vollendeter Form. Alle befinden sich in eichenen Rahmen, mit Unterschriften. Über einer Fünfzehnjährigen steht geschrieben: »Beauté est vertu.« Schönheit ist Tugend. Unter einer anderen: »Es gibt nur *eine Unanständigkeit* des Nackten – – – das Nackte *unanständig zu finden*! «
Unter einer anderen steht geschrieben: »So erträumten dich Gott und die Dichter! Aber die schwächlichen Menschlein erfanden das Schamgefühl und verhüllten dich, sargten dich ein! «
Wenn P. A. erwacht, fällt sein Blick auf die heilige Pracht, und er nimmt die Not und die Bedrängnis des Daseins ergeben hin, da er zwei Augen mitbekommen hat, die heiligste Schönheit der Welt in sich hineinzutrinken!
Auge, Auge, Rothschild-Besitz des Menschen!
Aber diese anderen starren, glotzen das Leben an wie die Kröte die Wasserrose!
Ich möchte auf meinem Grabsteine die Worte haben: »Er liebte und sah! «
Ja, in inneren Ekstasen leben, sich selbst heiß heizen, sich kochend machen, sich selbst in Brand setzen an

den Schönheiten der Welt, war für Vater und Sohn alles, alles!

Aber während der Alte noch ziemlich in Beziehungen stand mit dem Leben des Tages oder in Kollision geriet, begab sich der Junge ohne Bedenken und sofort aus diesem Pflichtenkerker heraus.

Ja, ich bin arm, arm, aber mein edler Vater gab mir den Reichtum, den wenige Väter in milder Weisheit ihren Söhnen gewähren: »Zeit zur Entwicklung und Freiheit!« So konnte meine Seele, unbetrogen um die unerhörten Schätze, die jeden Tag und jede Stunde das Leben uns wie Perlen an öden Strand auswirft, so konnte meine Seele den tragischen oder zärtlichen Ereignissen sich liebevoll hingeben und wachsen, wachsen – – –.

Meine Mama war ehemals eine ganz zarte wunderschöne Dame mit edlen Händen und Füßen und schmalen Gelenken. Wie eine Gazelle. Einmal brachte mein Vater aus England ein wunderbares Mädchen mit. Er sagte zu Mama: »Dies, meine Liebe, ist Maud-Victoria. Es ist das schönste Mädchen Englands.« Meine Mama sah, dass es wirklich das schönste Mädchen Englands sei und sagte ganz traurig: »Wird sie nun bei uns bleiben müssen?!« Infolgedessen war mein Vater so gerührt, dass er das »schönste Mädchen Englands« wieder in die Heimat zurückschickte.

Als mein Vater die Aschantee-Mädchen, meine geliebten Freundinnen, häufig besuchte und ihnen seidene Tücher schenkte, sagte jemand: »Der alte Mann ist von seinem Sohne erblich belastet.«

Als Knabe hatte ich eine unbeschreibliche Liebe zu den Berg-Wiesen. Die Berg-Wiese, in Sonnenglut heißen Duft verdampfend, aushauchend, mit Käfern und Schmetterlingen besät, berauschte mich direkt. Ebenso Wald-Lichtungen. An sumpfigen besonnten Stellen sitzen Schmetterlinge, blau-seidene kleine und schwarz-rote Admirale, und man sieht den Huf-Abdruck der Hirsche. Berg-Wiesen aber liebte ich einfach fanatisch, ja, hatte Sehnsucht nach ihnen. Unter den weißen heißen Steinen vermutete ich überall Kreuzottern, und dieses Tier war überhaupt das Märchen-Mysterium meiner Knabenjahre. Es ersetzte mir den Menschenfresser, den Riesen und die Hexe. Alle Bisse und deren Folgen, deren entsetzliche langsame Folterqualen, deren mysteriöse schleichende Wirkung, deren perfide geheimnisvolle Art, kannte ich auswendig, die Wund-Behandlung und so weiter. Der wunderbare zarte grau-schwarze Leib der Kreuzotter kam mir als das Schönste, Vornehmste vor, und als ich ein kleines Mädchen liebte, dachte ich mir immer und immer nur eines aus: »eine Kreuzotter bisse sie in den Fuß während einer Bergpartie und ich söge ihr die Wunde aus, um sie zu retten!«

Ich kannte genau das Terrain, auf dem mit unbedingter Sicherheit Kreuzottern hausen müssten, betrat es, lauerte; aber in meinem ganzen Leben habe ich keine lebendige Kreuzotter erschaut, obzwar die Gegend des Schneeberges davon wimmelt. Es blieb für mich nur ein böser, aber süß beunruhigender Traum.

Immer dachte ich es mir aus: Die Geliebte wird gebissen, oberhalb des Fußknöchels. Alles steht ratlos und verzweifelt. Da hole ich aus der nächsten Sennhütte Enzianschnaps, erzeuge den Alkoholrausch, das einzige Heilmittel. Dann sagt sie: »Oh, wieso wussten Sie es?« Und ich sage einfach: »Ich habe es im Brehm gelesen – – –.«

Immer, überall wartete ich auf Kreuzottern. Niemals kamen sie.

Mit 23 Jahren liebte ich ein wunderbares dreizehnjähriges Mädchen abgöttisch, durchweinte meine Nächte, verlobte mich mit ihr, wurde Buchhändler in Stuttgart, um rasch Geld zu verdienen und für sie sorgen zu können später. Aber es wurde nichts aus alledem. Nie wurde etwas aus meinen Träumen.

Ich habe nie irgendetwas anderes im Leben für wertvoll gehalten als die Frauenschönheit, die Damen-Grazie, dieses Süße, Kindliche! Und ich betrachte jedermann als einen schmählich um das Leben Betrogenen, der einer anderen Sache hienieden irgendeinen Wert beilegte! Opfere dem unerbittlichen Tage und der harten Stunde, aber wisse es und fühle es, dass deine heiligen und wahrhaften Augenblicke nur jene sind, da dein gerührtes und erstauntes Auge die schöne sanfte Frau erblickt! Wisse es, Verführter des Lebens, dass du ein Taglöhner, ein Kärrner, ein Gefangener, ein Rekrut bist, ein Selbst-Betrüger und Betrogener des Lebens, und dass nur durch die »heilige schöne Frau« du ein Adeliger und ein Kaiserlicher werden könnest!

Meinen kleinen Sachen, die ich schreibe, lege ich nur den Wert bei, den Mann, welchen seine tausend Pflichten erschöpfen und aushöhlen, ein bisschen aufzuklären über dieses liebliche, zarte und mysteriöse Geschöpf an seiner Seite. Hineingefressen in die Pflichten des unerbittlichen Tages, darf er es sich nicht erlauben, die Frau als ein seltsames und unerforschliches Wesen an und für sich zu betrachten, sondern als einfache Genossin in seinen Schwierigkeiten! Ihre Welt in ihr ist ihm teuer und verständlich, insofern er Segnungen davon empfängt. Das andere bleibe den Dichtern überlassen! So nehmen denn diese dem Leben ein wenig Entrückten immer und immer wieder ihre Leier und verherrlichen weinend jene Adeligsten, von welchen die anderen die brutaleren Vorteile ziehen! Ich selbst habe nur Leid erfahren an diesen Herrlichen, für welche ich mein verlorenes und unnötiges Dasein hingebracht habe. Dennoch glaube ich ein wenig mitgewirkt zu haben, dass ein Hauch von griechischem Schönheits-Kultus in die vom Leben bedrängten Jünglinge komme! Aber auch das mag nur eine Utopie sein.

Arm und verlassen lebe ich nun dahin, den Blick noch immer gerichtet auf eine edle Frauenhand, einen adeligen Schritt, ein mildes, weltentrücktes Antlitz. Amen – – –.

DIE LIEBE

Durst

Dürstender, wie töricht bist du, der du mit dem unheiligen Trunke dir deines Dürstens heiliges Feuer selber verlöschest!?!

*

Ein Bildnis

Roma.
Basilica Vaticana.
Melozzo da Forli: Un Angelo che suona il Violino.
Ein Engel mit seiner Violine – – – ein *wirkliches* Liebespaar!
Was der eine *fühlt, tönt* der andere!

*

Ritterlichkeit

Bauernbursche, ein entzückendes Mäderl vom Tanze zu ihrem Platze geleitend:
»*Sie, Fräulein, Ihnen tät' i's!*«

NEU-ROMANTIK

Heinrich Frauenlob, Walter von der Vogelweide, Hölty, Hölderlin, wo weilet ihr?!?
Sind eure Sammet-Wamse von den Schaben zerstückelt, hat eure Locken der Sturm zerzaust?!

Hier stehe ich, Siebzehnjährige, nachts auf dem Balkone der Land-Villa, in offenem Nachtgewande, bereit, meinen Haarkamm hinabfallen zu lassen, dass ihr ihn an eure Lippen drücktet und voll innerer Gesänge dahinwandeltet in die dunklen Straßen –!

Wo seid ihr?!? Träumerische?! Von uns Träumende!?

*

Meine Herren, ich tanzte heute nachmittags auf der Wiese im alten melancholischen Herzogs-Parke, hielt mein Kleid mit beiden Händen und tanzte –.

Werden Sie, bitte, davon träumen heute nachts, dass ich auf der Wiese im alten melancholischen Herzogs-Parke tanzte und mein Kleid mit beiden Händen hielt?!?

Will niemand heute nachts davon träumen?!?

Träumet, träumet doch davon! Traumlose!

*

Höret, ihr Herren! Ich tanzte heute nachmittags auf der Wiese im alten melancholischen Herzogs-Parke, splitternackt; und ich hielt kein Kleid mit beiden Händen, denn ich hatte keines an und war nackt!

Träumet davon! Traumlose!

*

Ah, Verdammte, höret! Ich saß in meiner Stube, spielte und sang Grieg-Lieder. Da kam der große Hund des jungen Grafen, kroch unter das Klavier, unter mein Kleid und leckte meine Knie – – –.

Träumet davon!

*

Elender, Elender! Da hast du mich ganz, ganz –!
Aber träume davon! Träume davon, ich flehe dich an,
wenigstens heute und morgen nachts!

*

Aber er träumte nicht davon, sondern schlief fest und
tief wie ein sattes Tier – – –.

DER »FLIEGENDE HOLLÄNDER«
(Gewidmet denen, die es sind!)

Wie Senta im »Fliegenden Holländer« sind alle Frauen-
seelen. Über ihren Türen ist das Bild gemalt des »Fliegen-
den Holländers«, dieses organische und unentrinnbare
Bedürfnis ihrer romantischen und kindlichen Seelen.
In einen weiten dunklen Mantel gehüllt, wie mit den
Weltenschwingen angetan, sehen sie ihn, mit seinen
rätselvollen Augen und seinem Schicksale des ewig
Wandernden. Einen suchen sie, der ewig sich bewegt
und Ruhe sucht im Weibe!
Über den weißen Türen ihrer kindlichen Schlafgemä-
cher hängt dieses Bild, über den braunen Türen mit
Goldleisten ihrer Salons, über den gelben Türen ihrer
Landvillen, über den dunklen Toren ihres Lebens!
Nie öffnet sich die Türe. Nie erscheint er.
Aber siehe!
Hingegen steht einer da, des Morgens, in langen wei-
ßen leinwandenen Beinkleidern mit Zugbändern,
taucht das Zahnbürstchen in Pasta Boutemard (Dok-
tor Suin de Boutemard), gurgelt, wählt unter verschie-

denen Halsbinden eine geeignete aus, befestigt goldene Knöpfchen in dem Hemde – – –. Fertig!

Senta sitzt aufrecht, an den weißen Kopfpolster angelehnt, in ihrem breiten Bette und betrachtet. Wohin lauscht sie?!

»Um mich zu erlösen, musst du für mich in den Tod gehn – – –.«

»Ich bin bereit, Herr!«

»Natürlich, es ist schon wieder kein Spiritus in der kleinen Brennmaschine für den Schnurrbart. Sie, Marie – – jedes Mal und jedes Mal – –. Was glauben Sie eigentlich?!«

Drei Löffel Tee, ziemlich gehäuft, in die Teekanne. Noch einen halben Löffel. Fertig!

Senta lauscht – – –:

»Ich muss ewig wandern – – –.«

Dann geht er in die Kanzlei, Kleine Brunngasse 7, 1. Stock, und bleibt bis zwei.

Über allen Türen ihrer Wohnungen ist das Bild des »Fliegenden Holländers«, über den Türen des Schlafgemaches, des Speisezimmers, des Salons; wenn sie vom Spaziergange nach Hause kommen, über der lackierten Türe im Stiegengange. Und über den Türen ihres Landhauses, wo es kühl ist an Sommertagen.

In einen weiten dunklen Mantel gehüllt steht er da, wie mit den Weltenschwingen angetan, mit seinen

rätselhaften Augen und seinem Schicksale des ewig
Wandernden …
Auf und zu gehen alle diese Türen, auf und zu, bald
laut, bald leise.
Nie kommt Er – – –!

GEDICHTE AN LJUBA

Das neue Kleid

»Kommen Sie morgen mich anschau'n in meinem
neuen Kleid – – –!«
Ich aber war nicht dazu bereit.
Ich kam nicht dich anzuschau'n in deinem neuen
Kleid.
Und es tat mir gar nicht leid.
Hättest du gesagt: »Morgen dürfen Sie meine Fingerspitzen berühren – – –«,
ich hätte die Nacht schlaflos verbracht,
hätte bei Schnee und Wind an deinem Tore gewacht,
hätte nichts gegessen, nichts getrunken,
wäre vor Sehnsucht umgesunken.
Oh Gott, wir leben doch im lebendigen Leben,
können daher es nicht billiger geben!
Für leeren Ritterdienst bin ich zu alt,
für echten Liebesdienst bist du zu kalt!
Dein altes Kleid und dein neues Kleid
schaffen mir nur Herzeleid!
Ein jedes deine Schönheit barg

wie ein Sarg.
Hättest du zu mir gesagt: »Morgen dürfen Sie meine
Fingerspitzen berühren – – –«,
ich hätte die Nacht schlaflos verbracht,
hätte bei Schnee und Wind an deinem Tore gewacht,
hätte nichts gegessen, nichts getrunken,
wäre vor Sehnsucht umgesunken!
So aber warst du gnädig wie alle Frauen:
»Sie dürfen mich morgen im neuen Kleid erschauen!«
Da kam ich nicht.
Ich Wicht!
Ich dachte an deine geliebten Finger,
und von meiner Liebe nicht geringer,
trotzdem ich nicht kam, Lieblichste der Frauen,
dich im neuen Kleide anzuschauen!

Und endlich stirbt die Sehnsucht doch

Und endlich stirbt die Sehnsucht doch – – –
wie Blüten sterben im Kellerloch,
die ewig auf ein bisschen Sonne warten.
Wie Tiere sterben, die man lieblos hält,
und alles Unbetreute in der Welt!
Man denkt nicht mehr: »Wo wird sie sein –?!?«
Ruhig erwacht man, ruhig schläft man ein.
Wie in verwehte Tugendtage blickst du zurück,
und irgendeiner sagt dir weise: »'s ist dein Glück!«
Da denkt man, dass es vielleicht wirklich so ist,
wundert sich still, dass man doch nicht froh ist!

LA ZARINA

A. L. und P. A. sahen sie zum ersten Male in dem Auslagekasten für Photographien am Kohlmarkt. Sie starrten schweigend das Vollkommene an, begannen sogleich alle Frauen zu hassen, die bisher in ihren Lebensweg getreten waren, und verachteten sich selbst, dass sie es hatten so billig geben können. La Zarina!
Ganz befreit von dem bisherigen entsetzlichen Lügedasein schritten sie nun dahin. Sie hatten das Vollkommene erblickt, wussten nun endlich, woran sie waren.
Eines Nachts saßen sie im Café R. und starrten La Zarina an, die mit drei Adeligen Champagner trank und unbeschreiblich liebenswürdig sich gebärdete, direkt edelste Menschenfreundlichkeit überallhin ausstrahlte. Als sie wegging, blieben sie wie berauscht zurück, hinweggetragen über das Alltägliche, also in einer anderen Sphäre!
Dann sahen sie sie nicht mehr wieder und lasen nur in den Zeitungen die Klischees von Reklamenotizen, da sie bei Ronacher Poses plastiques stellte. Sie gingen niemals hin. Sie fühlten: »In Kleidern, Süße, sahen wir dich bereits nackt, Vollkommene! Konzessionierte, zensurierte Nacktheit jedoch von drapfarbiger Seide Gnaden?!? Kleider sind Phantasie der Wahrheit. Doch seidenes Trikot ist Wahrheitsfälschung!«
Dann sah P. A. sie einmal noch weiß in weiß in einer Proszeniumsloge in einem Theater. Dies meldete er

seinem Freunde. Dieser war ganz ergriffen und bewegt. Da saßen sie denn, tief bekümmert, beim Souper, erfüllt von Träumen und Begeisterung. Sie gaben infolge aller dieser Ereignisse ihren treuen süßen Freundinnen den Laufpass, schrieben kurzweg ab, infam, brutal: »Das Unzulängliche mordet uns …«, schrieben sie, »adieu …!« Dann kauften sie ein großes Glücksschwein aus grünem Ton mit einer Spalte, warfen ein jeder eine Krone hinein, vorläufig.

Wenn La Zarina einst verarmen sollte und verkommen …!

Aber La Zarina verarmte und verkam nicht.

Immer jedoch sammelten die Freunde noch getrost. Drei grüne Glücksschweine aus Ton waren bereits angefüllt mit silbernen Kronenstücken. Es war der heilige Schatz für die sicher einst verlassene, enttäuschte und zerpflückte süße La Zarina. Es waren 70 Kronen vorhanden für Schicksals unberechenbare Wege!

Aber La Zarina erhielt einen Millionär, wurde nicht zerpflückt, stieg höher, höher, wurde sogar geheiratet.

Da feierten denn endlich eines Nachts die beiden Freunde ganz in der Stille ein Fest zu Ehren der Dame, die ihrer niemals bedurft hatte. Den ganzen silbernen Inhalt der drei Glücksschweine vertranken sie in Veuve Clicquot. Bei jeder Flasche sagten sie nur sanft und leise: »La Zarina!« und erhoben sich von ihren Sitzen. Schließlich waren sie ganz betrunken und hielten es für einen ganz passenden Abschluss dieses Liebesabenteuers, ja sogar in jeder Beziehung für den passendsten. Zum Schlusse schrieben sie natürlich eine Ansichtskarte an La Zarina, mit einem Texte, den sie bereits für die Chantant-Kaiserinnen Othérô, Cléo, Billie Burke, Elise de Vère, Minnie Ashley und Mage Lorrison-Osborne verwendet hatten.

Der Text dieser Karte lautete: »Es ist nicht wahr, dass Gott die Menschen nach seinem Ebenbilde schuf! In dieser Weise schuf er einen einzigen Menschen … La Zarina!«

Da sie die Adresse nicht kannten, schrieben sie in idealer Zuversichtlichkeit:

»An La Zarina in Europa.«

»La Zarina in Europa …«, sangen sie laut durch die stillen Straßen auf dem Heimwege. Die Passanten blieben stehen und sagten: »Halt's Maul!«

GANZ KLEINE SACHEN

Traurigkeit

Weinet, sanfte Mädchen – – –!
Solange ihr weinet, tragt ihr im traurigen Herzen die Welt!
Weinet, sanfte Mädchen – – –!
Haltet vor das bebende Antlitz die Hände – – –
Wenn ihr sie lächelnd senkt,
ist es zu Ende!

*

Hoffnung

Was erhoffst du dir, Mädchen, noch?!?
Da du, geschlossene Blüte, alles Lebendige in dir
birgst?!?
Bleibe verschlossenes Blühn, oh Mädchen ---!
Denn die gewöhnliche Tat des Seins
mordet dein göttliches Ungeschehnis!

*

Der Dichter

Wer mich versteht, versteht sich selbst!
Denn siehe, ich bin nur euer tönend gewordenes stummes Herz selber!

*

Ideale

Sich fortpflanzen?!?
Zeuge doch lieber *den*, der du selbst *nicht* hast werden
können!

*

Welten-Seele

Pflanze und Genie besitzen die Erdkraft, von *überall*,
aus der *zufälligen* Umgebung, die für sie dienlichen
Nährsalze zu ziehen – –
Die Mittelglieder »Tier« und »Mensch« jedoch sind
angewiesen, einer *bestimmten* Nahrung mühselig
nachzupürschen – – –.

Das nennen sie dann »ihren Idealen nachjagen«!?

*

Ehebruch

Aluminium hat eine so unentrinnbare Leidenschaft zu Sauerstoff, dass es denselben selbst aus so zähen Verbindungen wie mit dem Chrom zu reißen imstande ist und ihn für sich gewinnt!!

*

Sapientia

Unergründliche Natur! Die du *à tout prix* deine Zwecke zu erreichen strebst!

10 000 Kilometer weit zieht das Heringmännchen an die Küste aus dem unendlichen Ozeane, um das Weibchen zu befruchten!

In das Gehirn des Heringmännchens legte die vorsorgliche Weisheit der Natur diesen Gedanken, an die ferne Küste zu ziehen zu dem Liebe-strotzenden Weibchen!

Sie sorgt eben für die Erhaltung – – – der Hering-Rasse!!

Petrarcas Seele entflammte sich zu einem ewigen Feuer an dem Antlitz einer Dame, welche er ein einziges Mal im Leben sah, an einem Altare kniend! Niemals zog er an die Küste, zu ihr!

Aus Fernen, aus Seelentiefen, gleich dem Ozeane, liebte er sie, und dreißig Jahre lang blieb er »in ihrer Ferne«! Und ohne seinen Körper befruchtet zu sehen, lebte dieses Weibchen selig in dieser unfruchtbaren Liebe dahin!

Oh unergründliche Weisheit der Natur, die du *à tout prix* deine Zwecke zu erreichen strebst!!
Du sorgst für die Erhaltung der Petrarca-Rasse!!
Denn mit dieser Dame zeugte er so aus Fernen seine Kinder, die Liebeslieder!

*

Gespräch

»Giwril, mein Freund, du bist mein Folterknecht! Wenn ich mit dir zusammenkomme, esse ich vierundzwanzig Stunden lang absolut nichts, trinke nur Eau de Cologne-Wasser. Damit ich die Sicherheit eines idealen Atems habe! «
»Habe ich es verlangt, gewünscht?! «
»Nein, aber auf deinem bleichen Antlitz liegt die maladie de l'idéal! «
»Maladie?! «
» Maladie! Denn die Gesundheit in uns wäre, die Kraft zu haben, die Unzulänglichkeiten *ertragen* zu können! Wie die starke Lunge selbst Miasmen ertrüge, während die schwächliche daran krank wird! «
»Nein, meine süße Freundin, Märtyrerin meiner Liebe! Die Gesundheit ist, die *Zulänglichkeiten* rastlos zu ersehnen, zu erstreben! An Unzulänglichkeiten *erkranken* und *zugrunde gehen*, ist die *Gesundheit* einer Seele, die als Kranke zu leben *zu gesund* ist!! «

*

Puvis de Chavannes und P. A.

Puvis: »Si tu mets une image sur une muraille, qu'elle ne peut pas digérer, cette muraille vomira cette image!«
P. A.: »Si tu mets une âme d'homme sur une âme de femme, qu'elle ne peut pas digérer, cette âme de femme *vomira* cette âme d'homme!«

*

Die Hände

Einst sagte ich: »He, eine Dame, die meine Neigung erringen soll, müsste mindestens so schöne Hände haben, als meine Füße schön sind!« Endlich fand ich eine solche. Aber es war eine siamesische Prinzessin in Bangkok, aus einer englischen illustrierten Zeitung.
»Warum lässt du dir dieses Bild einrahmen?!«, sagte meine Geliebte zu mir. »Dieses Chinesengesicht?!«
»So – – –«, sagte ich und betrachtete die Tatzen meiner Angebeteten, welche für mich zu sterben jeden Augenblick bereit war!

*

So lieben Sklavinnen!

Was ist denn das mit dieser gewissen Frauenliebe?! Wie häufig sagt man: »Der?! Oh, es ist völlig ausgeschlossen!« Nun, gerade dieser wurde geliebt! Nicht uns lieben sie, sie lieben unsere Liebe! Dass wir sie lieben, lieben sie! Sie brauchen das, wie die Lunge Sauerstoff, die dürre Erde Regen! Und wenn es nur eine alte

Kröte wäre, die um sie traurig würde, sich zurückzöge aus dem amüsanten Sumpfe, ohne Gesang irgendwo hockte und wartete, bis die Dame vorüberkäme, so lebte diese von dieser Kröten-Liebe!

Dass wir sie lieben, lieben sie an uns!

Ihr aber fragt: »Was ist an ihm?!«

Er, was ist er?! Was braucht er zu sein?! Ein Harrender ist er, ein Harrender!! Sein Harren liebt sie, träumt sein Harren; denn harrend lebte sie, dass einer harre! Und wenn sie ihn erblickt, fühlt sie nur eins: »Er harrte!«

Das ist an ihm!

*

La vie

Ich saß einmal mit zwei Gefallenen. Die eine alt, fertig, zerpatscht vom Leben wie die Fliege unter der Pracke. Die andere jung, blühend. Die Alte war ungeheuer lustig und die Junge ungeheuer traurig. Da sagte ich zu der Alten: »Du, wieso ist es?!?«

Da sagte die Alte: »*Du, die hat's noch nicht nötig, lustig zu sein – – –!*«

*

Die Gefallene und der Dichter

»Geh', schau', du, komm mit mir! Beim Hirn kannst du dir's ja doch nicht herausschwitzen –?!« Der Dichter: »*Ich ja*!!!«

*

Philosophie

Ich teile die Menschen meiner Bekanntschaft in zwei große Kategorien ein – – *in jene,* die zu mir sagen: »Sie, mein lieber Altenberg, es geht mich zwar gar nichts an, natürlich, selbstverständlich, aber weshalb tragen Sie eigentlich in der Stadt Leder-Gamaschen?!? Es ist ja ganz praktisch, am Lande, auf der Entenjagd – – – «, und in *jene,* die es nicht zu mir sagen!
Bisher hat es noch jeder zu mir gesagt!

*

Die Mütter

Chor der Mütter: »Jetzt hat man das Mädel Französisch lernen lassen, Literatur und Klavier, gibt eine Masse Geld aus und dann sitzt sie stumm da, dass es eine Schande und ein Spott ist. Was muss sich der Herr denken?! Eine Gans natürlich.«
Oh Mütter, das Beste, Zarteste der Frauenseele ist das *beredte Schweigen*! Da ist der edle Organismus an seiner verschwiegenen Arbeit, *aufzunehmen,* zu *verarbeiten,* zu *organisieren*!
Der *wachsende* Mensch *schweigt* und *lauscht*!
Und was wäre einer, der kein *Wachsender* mehr sein könnte, kein *Lauscher*?!?
Lauschet, oh Mütter, dem süßen Lauschen eurer schweigsamen Töchterchen!
Schweigende, wie Vieles saget ihr!

*

Ideale

An seinen Idealen *zugrunde gehen* können, heißt *lebensfähig* sein!

*

Große Prater-Schaukel

Dies sind eure Absynth-Räusche des Lebens, Mädchen aus dem Volke! Alles wird zuunterst, zuoberst gekehrt, gestürzt! Und beim Tal-abwärts kreischet ihr vor Angst und Erregung! Hier vergesset ihr, dass der Zins vor der Türe ist, und dass man in jedem Augenblicke schwanger werden und verlassen werden könnte! Hier erlebt ihr eure Meerfahrt-Emotionen, Seekrankheit für 10 Kreuzer!

Und nachher in die Wiesen, in die dunklen weiten Wiesen!

Pfeife, Schurl, wenn Polizei kommt!

*

Die heilige Gudula

Sanft und ergeben
sei dein Leben!
Und dein *Lachen* kann dich mit Natur und
Schicksal nicht so tief vereinen
wie dein *Weinen*!

*

Frage

»Oh mon ami, qu'est ce le bonheur et le malheur?!?«
»Le bonheur, c'est marcher, marcher, marcher –
et le malheur, c'est aboutir! «

*

Vorfrühling

Es riecht bereits nach Veilchen – – –
aber sie sind noch gar nicht da!

*

Mädchen in Capri

Mädchen in Capri, du liebst vielleicht das Meer, dieses
tiefe weite wunderbare – – –
Dennoch wirst du dich einem »Mann« ergeben müssen!

*

Dorfstraße

Abends ging das junge Mädchen stundenlang die friedevolle einsame Dorfstraße auf und nieder, auf und
nieder.
Nichts regte sich.
Da sagte der Dichter zu dem Mädchen: »Woran denkst
du, Mädchen?!?«
»An nichts«, erwiderte das Mädchen.
»Aus diesem *Nichts* machen wir unsere tiefsten Lie-
der«, sagte der Dichter.

*

Die Frau

»Oh mein Freund, was für eine Frau wünschtest du dir
denn eigentlich?!?«
»Eine, die *meine Höhen* ›mit Enthusiasmus‹ und *meine
Abgründe* ›ohne Schaudern‹ miterlebte! «

*

Weisheit

Wer das *Niedrige* aus seinem Leben ausschließt, kann
nicht wachsen!
Als das blühende rosige Kindlein die Kröte, die jeden
Morgen aus seinem Milchnapfe mitfrühstückte, mit
dem Löffelchen hart auf den Kopf tippte und die Kröte
infolgedessen ausblieb, begann das Kind bleich zu werden und siechte dahin –!
Wer das *Niedrige* aus seinem Leben ausschließt, kann
nicht *wachsen*!

*

Baum im Prater

Was der Baum, im milden Abendhauche, zu meiner Seele
flüstert, flüstert doch nur meine Seele dem Baume zu!?!
Ist's nicht so mit der Frau, die wir lieben?!?
Unserer Welten-Seele *Gottesodem* haucht der *stummen
Natur* Leben und Wärme ein –.
Aber unserer Seele Odem-*Erwecker* ist die *stumme
Natur*!

*

Eine Kindesseele

»Weshalb lässest du deine Schwester, oh Alice, stets sich an meine Seite setzen, wartest und setzest dich dann erst mir gegenüber, gehst auf dem Spaziergange hinter mir, lässest deine Schwester an meiner Seite wandeln?!? Hast du mich denn nicht lieb, Kind?!?«
»Ich hab' dich unermesslich lieb. Allein ich kann es tragen! Während Lilith zusammenbräche –! Deshalb muss sie an deiner Seite sein und mit dir gehen – – –.«
Und als die Abschiedsstunde nahte, sagte die Mama: »Ihr dürft noch eine letzte Bootfahrt machen mit Herrn Peter – – –!«
Wir gingen auf den schmalen Steg hinaus, Lilith stieg ein und ich. Da gab Alice dem Boote mit ihrem Fuße einen Stoß und eilte weg.
Ich rief: »Alice – – –!«
Vergeblich.
Wir fuhren das Schilf entlang.
Nach einer halben Stunde trafen wir Alice, am Ende der Allee, einsam auf einer Bank, bitterlich weinend – – –.

*

Liebe

»Am Altar der Dorfkirche knietest Du einst, Anna, und betetest um meine Liebe – – –!
Nun, da Gott Dich erhörte, betest und kniest Du nicht mehr!?!«

»Um was sollt ich nun knieen und beten, Du Törichter, Liebster?!?«
» Ich weiß es nicht, Anna. *Heilige* Zeiten waren es, da Du noch mit Gott eindringlich über mich sprachst – – –! «

*

Lebensführung

Die wertvollsten Frauenseelen erschimmern nicht in *Alltags-Reinheit*, sondern wechselnd und flimmernd wie die *Licht-Mysterien* im Opale!
Mögen wir ernst und würdevoll der Schönheit dieses *bewegten Spieles* die *Ruhe* unserer Seele zum Opfer bringen!

*

Entwicklung

Nichts verlang' ich von dir, oh Mädchen – –
bleibe *unbewusst*, liebe, gebäre!
Aber an deinem *nächsthöheren* Selbst, deinem Töchterchen, zeige, indem du sie leitest, *bewusst Gewordene*,
dass die *Weisheit*, die du *gewannst*, tiefer sei als die *Natur*, die du verloren!

*

Wanderung
(Der Kaiserin Elisabeth geweiht.)

»Wohin, träumerische Frau, wandertest du, rastlos?!?«
»Weg von der Lüge! «

*

Westminster-Abbey

Hier liegt Shakespeare begraben und die übrigen englischen Könige!

GEDICHT

Ich nahm ein Mädchen zu mir über Nacht.
Das macht nichts.
Bevor sie einschlief, sagte sie: »Sind Sie ein Dichter?!?«
»Weshalb? Vielleicht. Das macht nichts.«
»Ich habe nämlich auch einmal gedichtet –.«
»?!?«
»Ich hab' dich so gern.
Nun bist du fern – – –.
        Das macht nichts.
Auf meinem Grab wird steh'n:
        ›Ich liebe dich!‹
Niemand wird wissen wer und wen
        Das macht nichts.«
Ich gab dem Mädchen 10 Gulden statt 5 – –.
»Oh«, sagte sie lächelnd, »5 waren nur ausbedungen!?! «
»Das macht nichts. Die Rechnung stimmt. Sieh', Mädchen, wie genau ich zähle – – –
5 für deinen süßen Leib und 5 für deine süße Seele! «

ANSICHTSKARTEN

Donau bei Y.

Stundenlang sah er dem breiten, flimmernden Strome
zu, an Weidenzweigen vorübersäuseln! Und er gedachte ihrer. Denn immer gedachte er ihrer; auch wenn er
nicht stundenlang dem breiten, flimmernden Strome
zusah, an Weidenzweigen vorübersäuseln!

*

Perchtoldsdorf, Platz

Hier ist ein kleines Café. Morgens leer. Vormittags leer.
Mittags leer. Nachmittags kommen einige Gäste. Das
»Interessante Blatt« ist ganz zerfetzt. Man liest eben
gerne von Mord und Kälbern mit zwei Köpfen und
löst Scharaden und Rösselsprünge in dem kleinen
Café am Platze.

*

Gasthausgarten in K.

Vormittags. Noch ist die rohe Hunger- und Durstthor-
de nicht eingebrochen!
In friedevoller Schattenschönheit liegt der Gasthausgarten!

*

Ansichtskarten

Inneres einer Kirche

Hier ist der Raum, in welchem besiegte Menschensee-
len ihre Sedan-Kapitulationen unterzeichnen!

*

Japanischer Apfelbaum

In Japan blühen die Apfelbäume so schön wie in kei-
nem anderen Lande. Aber niemals bringen sie es zu
Früchten! Die Blüten, welche ihre Kraft für die Früchte
aufbewahren sollen, können nicht so schön werden als
die Blüten, welche ihre ganze Kraft für sich selbst, für
ihr Blühen verwenden dürfen!

*

Gruß aus W. an der Donau

Friedevoller Ort!
So seien unsere Seelen, morgens, abends – –
Wenigstens morgens, abends!

*

Allee im Schlossgarten

Hier möchte ich mit Ihnen auf und ab wandeln, Lilith,
und Ihre blonden, langen, offenen Haare küssen, ohne
dass Sie es merkten! Denn lose fließen sie über Ihre
Schultern herab. Im Auf- und Abwandeln könnte ich
dieselben küssen, ohne dass Sie es merkten, Lilith! Mit
meinen Augen!

*

Salzburg im Schnee

Sommergast, in trägem Reichtume genießest du die Natur, ein Schlemmer, Prasser!

Im Winter aber muss deine Seele tüchtig mithelfen, die Landschaft zu genießen.

Im Sommer dichtet die Natur *für dich*!

Im Winter musst *du für sie* dichten!

*

Blick von der Rax

Grellweiße Steine. Gelbgrüne Wiese mit nassen Stellen. Schwarze Krumm-Kiefern. Hellgraue, vom Winde ausgelaugte Bäume. Hier werden keine kleinen Kinder malträtiert. Hier wünscht niemand, Sektionsrat zu werden. Hier fällt Regen, saust Wind. Hier fällt Schnee, braust Sturm!

*

Gosau-See

Ruhiger, spiegelnder See – – –. Alles Umgebende nimmst du auf. Aber eure Seelen sind so voll Unruhe, dass sich die Welt darin nicht spiegeln kann!

*

Schafberg-Alm

Morgens die Sonne erwarten, abends die Nacht! Sonst nichts!

Das ist *alles*!!

*

Blumenkorso in Gmunden

Aber den Menschen genügt nicht die stille Natur – – –
sie müssen lärmende Feste feiern!

APHORISMEN EINER PRIMITIVEN

Wenn er mich prügelt, dann ist es mal sicher wenigs-
tens, dass seine Neigung bis zur *Prügel-Emotion* ging!
Er prügelt gerade so viel aus mir heraus als seine Krän-
kung groß war, die ich, Luder, ihm bereitet habe! Det is
doch eene *Kontrolle*!
Eene Ohrfeige, det is was *Sicheres*!
Aber die *Liebesschwüre*?!?
Wenn ich mal so *dasitze* und *warte* und *warte* und *ner-
vös* werde – – – das ist die Liebe!
Die Männer sind blöde – – – sie möchten in einer
Viertelstunde erreichen, wozu 10 000 Stunden nötig
wären!
Und dann sagen sie, dass wir *keen Herz* haben, wäh-
rend sie man bloß *keene Zeit* haben!

Gedicht

Ich habe ein Gedicht gemacht:
Dame und Hure.
»Dame saß da mit steinernem Herzen – – –
Herr ging weg mit tiefen Schmerzen.
Arme Hure in einem Puff
heiterte ihn uff!

›Dame mit dem steinernen Herzen, steig' mir auf den Buckel – – –‹, empfand er still,
›Segen über die arme Hure, die nichts als ein Strumpf-geld will!‹«

PRÒDRŎMOS

SPLITTER

Ein unbescheidener Titel. Im Titel liegt das,
was man *gewollt* hat. Und im Inhalt das, was
man *nicht gekonnt* hat. Die Gegenwart wird
ihn verdammen, pardon, *belächeln*. Aber die
Zukunft wird ernst und nachdenklich bleiben. Ein Wegweiser ist kein Ziel. Aber ein
Weg-Weiser!

Sehnsucht ist der Maßstab aller menschlichen Beziehungen zwischen einem Mann und einem Weibe.
»Ich sehne mich nach dir«, »du fehlst mir« ist alles!
Jeder kann seine Liebe daher auf Echtheit erproben!
»Du fehlst mir.« »Ich sehne mich nach dir.« Eine geliebte Frau ist ein Teil meines Organismus! Mein Magen, meine Leber, meine Niere, meine Frau!

*

Den Gipfel ihres erreichbar möglichen Nerven-Tonus,
ihrer Lebens-Energien, ihrer Emotions-Fähigkeit, erreichen die meisten Menschen nur in seltenen Augenblicken ihres Lebens. Beim Anziehen zum ersten Balle;
beim ersten Berühren einer geliebten Hand; Fahrt zum
Theater; wir verreisen morgen früh; er kommt, er
kommt; Verlobung; unerwartetes Geld; der Tod geliebter Menschen. Da werden sie momentan zu inneren
Künstlern, zu jauchzenden, jammernden, erbebenden
in Freud und Leid, zu verzehrt werdenden! Aber die

Künstler sind *immer* auf diesen Gipfeln. *Alles* macht sie erbeben, jauchzen und jammern. Das Schicksal der Welt tönt in ihnen nach, und wer in die Donau geht, ist ihr gemordetes Kind! Fünfzigmal höchstens während deines Daseins, schlapper unbewegter Mensch, wirst du zum empfindsamen Künstler-Menschen!

Aber dieser ist es ewig, bis zu seiner Sterbestunde, jauchzend, jammernd! Verzehrt werdend und wieder auferstehend!

*

Ich spielte mit einem Mädchen schweigend Domino. Ich sah, dass sie erbleichte, wenn sie gewann; dass sie jedoch rosig wurde, wenn sie verlor und ich hingegen im Gewinne war. Wir spielten um nichts.

»Mizi hat Sie mit Herrn v. T. betrogen – – –«, sagte später einmal ein Schwarzalberich zu mir frohlockend. »Nein«, sagte ich. »Erbleicht sie beim Domino, wenn er verliert, wird sie rosig, wenn er gewinnt?! Nun also!«

*

Alkohol ist ein Rasiermesser in den Händen eines *Kindes*, eine Toledanerklinge, Waffe des Lebens, in den Händen des *reifen Wissenden*!

*

Der Atem einer Frau muss dich *seelisch* beglücken können, der Duft ihrer Bluse und jedes Kleidungstückes überhaupt. Alles an ihr muss *märchenhaft* wirken, wirklich etwas Zauberhaftes. In einem Meer von Sehnsucht musst du zu ertrinken wähnen, Tag und Nacht. Die Sehnsucht muss dich krank machen, noch kränker und noch kränker; und dann fast irrsinnig. Dann, dann erst öffne die Schleusen, erlöse und begatte dich! Dann erst! Vor den *schrecklichen Toren des Irrsinns* musst du stehen können und warten! Früher hast du kein Anrecht auf Seligkeit!

Wehe denen, die Glück haben! Der Weg, der Weg, diese langsame Akkumulation von ungeheuren Lebens-Energien ist ihnen erspart, ist ihnen *versagt*! Sie sind betrogen um das einzig Wertvolle! Armselige Besitzende! Welten-Gerechtigkeit! Don Juan um sich selbst *betrogen*!

*

»Ich liebe dich«, jauchzt die *Naturkraft* in uns und wird dann elendenttäuscht um dieses Jauchzens willen.

»Ich *erkenne* dich als die mir *Zugehörige*«, sagt bedächtig der *Geist* in uns, und lebt dahin in unzerstörbarem Glücke.

*

Wenn ein jeder wüsste, was er zu wissen hätte, wäre die Welt erlöst!

*

Zart denken, zart empfinden wollen, aber unzart fressen wollen, das gibt es nicht!

*

Mit einem Wort: mens sana in corpore sano.

Nein, eben nicht mit *einem Wort*.

Sondern mit Millionen Wörtern, mit Wort-Schrapnells, mit einem Regen von Wort-Ekrasitbomben in diesen Feind *Stupidität* hineinkartätscht!

*

»I möcht' so gern heut' mit dir schlafen gehn, Maxl; aber i kann's dem Menschen dort net antun. Er frisst mir dann morgen wieder nix zu Mittag – – –.«

*

Als ich kam, *errötete* sie. Als ich ging, *erbleichte* sie. So war sie bereits dadurch meine geliebteste Geliebte geworden.

*

»Wenn Sie die Bohnenschalen ausspucken, ekelt es mich«, sagte eine junge Dame zu mir.

»Und mich, wenn Sie dieses Unverdauliche hinunterschlucken!«

*

Luft und Haut sind Liebesleute. Sie wollen sich vermählen, trotz aller Fährlichkeiten!

*

»Ihre Schuh-Nummer ist 40«, sagte der Schuster zu mir.

»Dann geben Sie mir 41!«

»Gnädiger Herr werden aber darin schwimmen können – – –.«

»Eben das beabsichtige ich darin zu tun!«

*

Die Wahrheiten, die Erkenntnisse liegen schlapp, fast leblos in uns, ohne elastische Kraft und Spannung. Sie müssen erst zur Macht von »*fixen Ideen*« auswachsen, um in uns zu *wirken*! Wir müssen *irrsinnig* an ihnen werden können.

Der Fanatismus von Dreh-Derwischen ist da gerade noch genügend! Was nicht zur Tiefe einer Religion auswächst, erhält nicht Wurzel, Blüte und Frucht in unseren Herzen! Es bleibt ein Jour-Gespräch!

*

Von der Zufälligkeit, ob der Knabe zum ersten Male im Leben eine *geliebte* oder eine *ungeliebte* Hand in Zärtlichkeit berührt, hängt das Schicksal seines ganzen Daseins ab!
In dem einen Falle wird er ein Milliardär an Lebens-Energien, in dem anderen ein Bankrotteur!

*

Eine Speise zu sich nehmen, die nicht eine *unbedingte* Notwendigkeit ist für den Organismus und nicht zugleich *leichtest verdaulich* ist, wird einmal als ein Vergehen gegen die Sittlichkeit beurteilt werden!

*

Die Schönheit des Apollo-Falters (weiß-durchschimmernd mit schwarzen und orangefarbigen Ringen), des Tagpfauenauges (zimtbraun mit lila Flecken), des Alpenbock-Käfers (schwarzsamtartig und hellgrau) waren meine ersten tiefen Leidenschaften. Wiesen an Berg-Lehnen, im Sonnenbrande, von dörrenden Erdbeeren duftend, bevölkert mit märchenhaft schönen Geschöpfen und dazu die Gefahr der Kreuzotter unter weißen Steinen! Man erschauerte vor Glück und Erregung.

*

Ich kaufte einem wunderbaren 7-jährigen Mäderl, von der ich hörte, dass sie eine ganz exzeptionelle und ausschließliche Liebe für Tiere habe (niemals spielte sie mit Puppen, sondern nur mit Tieren, aus Papier geschnitten), einen sehr schönen kleinen Elefanten, aus einer Masse modelliert.

Sie erhielt ihn mittags während der Suppe. Sie erbleichte vor Erregung. Sie sagte nur: »Aber essen tu ich jetzt nix mehr – – –.« Und ging in ihr Zimmerchen.

Was, was müsste man einer Erwachsenen schenken, damit sie sagte die heiligen Worte der Seele: »Aber essen tu ich jetzt nix mehr – – –«?!?

*

Ich sprach einmal in einer Winternacht eine zarte wunderschöne ganz junge Gefallene an, bewunderte ihr edles Gesichterl. Sie wurde grob, sagte: »Sie, halten Sie einen anderen zum Narren, nicht mich!« Ich ließ mich nicht abschrecken, sie zu bewundern wegen ihrer süßen Schönheit. Da sagte sie: »Nun, wenn es wirklich Ihr Ernst ist, so beweisen Sie es mir und kaufen Sie mir am Stephansplatz das schönste lebzeltene Herz, das es gibt, in einer Stand-Bude.« »Bitte sehr«, erwiderte ich. Sie erhielt das schönste Herz. Es kostete 2 Kronen. »Nun will ich Sie aber nicht länger aufhalten«, sagte ich.

»Nein, heute freut mich mein Geschäft nicht mehr, begleiten Sie mich bis zum Haustore, ich gehe mit meinem wunderschönen Lebzelt-Herzen nach Hause. Es ist meine glücklichste Nacht.«

»Nun, und wenn ich mit Ihnen schlafen ginge?!?«
»Das wäre dann wieder ganz etwas anderes. Nein, lassen Sie mich heute allein mit meinem Glück – – –.«

*

Der Fisch fürchtet sich nicht vor seinem Elemente »frisches Wasser«, aber der Mensch vor seinem Elemente »frische Luft«!

*

Edle englische Woll-Stutzeln (Puls-Wärmer) ersetzen den teuersten Pelz. Sie sind wie ein Ofen.
In geschlossenem warmem Raume sogleich abzulegen!
Man beneidet niemand mehr um seinen Seehund-Pelz für 500 Kronen. Man besitzt in der Tasche wunderschöne schwarze oder braune oder dunkellila Woll-Stutzeln für 2–3 Kronen! Pelz der Armen!

*

Erregungen in sich sich anhäufen lassen können, ohne der drängenden Erlösung nachzugeben, gehört zum *Wesen der genialen Naturen*. Sie repräsentieren Naturkraft-Speicher, riesige Etablissements, aus denen man dann unerhörte Symphonien, Dramen, Gemälde, Wahrheits-Bücher usw. beziehen kann!
Auf Reizungen unmittelbar reagieren müssen, ist *ungenial*! Es ist, sein immanentes Künstlertum im Keime ertöten!
Seelische Fruchtabtreibung!

*

Nur ein Künstler versteht eine Mama. Sie ist selbst ewig in einer »künstlerischen Ekstase«, in einer »genialen liebereichen Erkenntniskraft« in Bezug auf diesen einzigen Organismus »*ihr Kind*«.

Wie *beneidet* der Künstler die Mutter! Was sie um einen einzigen durchzuerleben hat, erleidet er *um alle*!

*

Sehnsucht, Sehnsucht, die du aus den Herzen der Menschen und der Tiere ausströmst, ausströmst, ausströmst, und keine Seele findest, die dich liebevoll aufnimmt, wohin, wohin begibst du dich denn?

Zu einem Gedichte wertest du dich um, zu einer verschwiegenen Träne, zu einer ernsten philosophischen Stunde, zur Melancholie, die sanft und gerecht macht! Nichts, nichts geht verloren von den Herzens-Kräften. Und das Winseln eines ausgesperrten Hundes kann an das Ohr eines Musikers dringen, der es in eine Symphonie umwandelt: Treue und Sehnsucht.

*

Eine jede Krankheit kann ausschließlich nur durch *Ersparung* an Lebensenergie-*Ausgaben* und *Anhäufung* von Lebensenergie-*Einnahmen* besiegt werden!

*

Gutmütig kann nur der *Vollwertige* sein!

Er hat *innerlich* niemanden zu beneiden!

Er ist, der er ist und überhaupt sein kann!

Er ist in gewisser Beziehung sein eigenes vollendetes Ideal! Sein restlos erfülltes eigenes Schicksal! Aber die anderen sind Rudimente ihrer eigenen Möglichkeiten! Das frisst an ihnen wie ein Krebs. Sie trauern um sich selbst! Sie sind verzweifelt über die, die wenigstens das sein können, was sie sind! Sie hassen die, die wenigstens das sind, was ihnen gnadenweise vom Schicksale beschieden wurde! Den lieb haben können, der mehr kann als man selbst, ist »Menschlichkeit«!

*

Pferde-Misshandlung. Sie wird aufhören, bis die Passanten so irritabel-dekadent sein werden, dass sie, ihrer selbst nicht mächtig, in solchen Fällen tobsüchtig und verzweifelt Verbrechen begehen werden und den hündisch-feigen Kutscher niederschießen werden – – –. Pferde-Misshandlung nicht mehr mit ansehen können, ist die Tat des dekadenten nervenschwachen Zukunfts-Menschen! Bisher haben sie eben noch die armselige Kraft gehabt, sich um solche *fremde* Angelegenheiten nicht zu kümmern – – –.

*

Melancholie ist, den Abstand seines Seins von seinen eigenen möglichen erreichbaren Idealen spüren! Wehe dem, der diese Melancholien nicht hätte! Vorzeitig seine Ruhe, seinen Frieden finden, heißt die Sedan-Kapitulation seiner selbst unterzeichnen! Melancholie ist die Stimme Gottes in uns, die uns unentwegt zu unserer Pflicht ruft, Gott-ähnlich zu werden! Diese dunkle unentwegte Stimme, die tönt und nicht zur Ruhe kommen lässt. Wehe denen, die beruhigt dahinleben. Nur auf *erreichten Gipfeln* ist endgültige Ruhe!

*

Es wird eine Zeit herankommen, da werden alle *arbeitenden* Menschen den Dienst versagen, wenn er nicht in einem durch erstklassige elektrische Ventilatoren mit sauerstoffreicher reiner Luft erfüllten Raume geschieht. Alles andere ist *Kräfte-Meuchelmord*!

*

»Sie sollten aber auch an sich selbst denken, Fräulein – – –!«

»Das tue ich ja. Eben deshalb denke ich nie an mich selbst – – –.«

*

In sich selbst versunken bleiben – – – einziges Verbrechen des Mannes! Aus sich herausgehen – – – einzige Pflicht! In die Welt! Goethisch werden! Rundum schauen und planen. Wie der Kondor über den höchsten Bergesgipfeln. *Meine* Frau, *mein* Kind, *mein* Geschäft – – – das heißt: *meine* Vorurteile, meine Leere, *meine Un*-Menschlichkeit.

Er ging in die Vorstadt hinaus, zu der Frau, die ihr Kindchen misshandelt hatte. Er trat ein, gab der Bestie zwei fürchterliche Ohrfeigen, ließ sich verurteilen, fertig. Er hätte ruhig sagen können: »Nevermind, was geht es mich an, mein Knäbchen macht wirklich im Französischen bereits ganz prächtige Fortschritte – – –.«

»Auf mein' kleinen Spiegel verlass i mi, nur auf den«, sagte eine wunderschöne Leichtsinnige zu mir. »I schau in der Früh hinein und weiß alles. Mit 14 Jahren hat mi einmal einer ang'schaut, ang'schaut, i hab' mein Herz nur so schlagen gehört. Da hab' i in den Spiegel geschaut, zufällig. Seitdem weiß i, wie i alleweil ausschau'n müsst',

ausschau'n sollt', ausschau'n könnt' – – –. Auf *Den* wart'
i, der mir das verschafft – – –.«
Mein Buch: ein erster Versuch einer *physiologischen
Romantik!*
Beginnende Tragödie. Er sagte zu ihr: »Ich bin glücklich, dass dir der Spargel so schmeckt. Ich könnte dir
stundenlang essen zuschauen – – –.«
Sie wurde bei dieser Bemerkung nicht rosiger, ihr Antlitz veränderte sich in nichts. Sie aß ruhig, wie wenn
nichts Besonderes sich ereignet hätte, nichts Heiliges
und Mysteriöses, nämlich die seltene Zärtlichkeit eines
übervollen Herzens – – –.

*

»Das Herbstrot der Blätter rührt vom *Erythrophyll-
Farbstoffe* her – – –«, fühlte der Dichter.
»Das Herbstrot der Blätter ist ein *Mysterium der Weltenschönheit* – – –«, fühlte der Dichter. *Nüchtern* und
berauscht zugleich sein können! Synthese der Künst-
lernatur!

*

Gott *denkt* in den Genies, *träumt* in den Dichtern und
schläft in den übrigen Menschen.

*

Eindrücke in sich *aufnehmen*?!?
Nein, Eindrücke *verdauen!*

*

»Bringen Sie doch Ihre Erkenntnisse in ein *System*«,
sagte ein Wohlwollender zu mir.

Erkenntnisse in ein System bringen ist, einige wenige lebensfähige Wahrheiten in einem toten Meer von Lüge ertränken wollen!

*

Im Anfang des Lebens ist die »breiartige Nahrung«. Und zum Schlusse! Und dazwischen sind die Irrtümer. Die nennt man »*Das Mannesalter*«*! Die Reife*!

*

»Ich kann auch ›ohne Liebe‹ genießen«, sagte der Idiot. Mit 60 bekam er ein schweres Magennervenleiden. »Er hat zuviel gelebt – – –«, sagte man.
Ich glaube, *zu wenig*!

*

Mit einem schönen Weibe nicht rechten heißt *Künstler* sein!
Ihr einziges unzerstörbares Mysterium ist die Schönheit ihrer Form.
Wie sollte durch das, was sie tut oder unterlässt, ihr süßer märchenhaft wunderbarer Leib schlechter, minderwertiger werden?!? Er spendet ewig gleichmütig seinen Märchen-Zauber!

*

Er sagte zu ihr: »Ich kenne die zehntausend Variationen auf deinem geliebten Antlitze. Ich kenne darauf die Schwächungen der Langweile und die Stärkungen anregender Stunde! Ich kenne die Totenmaske der Enttäuschung und das verklärte Künstler-Antlitz traumversunkener Minuten! So bin ich deiner nie sicher und du ersparst mir den schrecklichen *Barbaren-Glauben*, deiner sicher sein zu können!

Ewig kommen und versinken Welten auf deinem geliebtesten Antlitz, und ich stehe vor diesem brandenden Ozeane, ohnmächtig und dennoch in Andacht versunken!«

*

Perversitäten?!? Ein dilettantischer Ausdruck. Was dich rosig macht, mit frischen blinkenden Augen, was dein Herz höher schlagen macht, deinen Appetit fördert, deine Bedrücktheiten bannt, deine Beweglichkeiten steigert, deine Lebens-Frohheit weckt, ohne facheuse Reaktionen, das, das kann nicht »pervers« sein; was es auch sonst sei!

Es gibt nur *eine* Perversität – – – sein Lebens-Kapital schwächen, verringern!

*

Bordell.

»Bevor ich mit Ihrem reichen Freunde mich auf mein Zimmer zurückziehe, Herr Dichter, werde ich Ihnen noch Ihren geliebten Cake-Walk vortanzen. Es ist mein Bestes, was ich zu bieten habe. Beneiden Sie Ihn nicht. *Er* bekommt nur den schäbigen Rest – – –.«

*

Die Dame kam aus der Oper und zankte *dennoch* mit ihrem Stubenmädchen – – –.

*

»Ich gehe zu ihm, in seine Arme, just und just – – –«,
sagte Anna zu ihrem unglückseligen Geliebten.
»So gehe denn, Anna! Aber möge er mindestens so
glücklich werden an dir wie ich bereits, wenn ich den
Griff deines Schirmes an meine Lippen drücke – – –.«
Da sagte sie erbleichend: »Ich gehe *nicht* –.«

*

HETÄRE
Man kann auch eine Kreuzotter so geschickt
anfassen, dass sie einen nicht beißen kann.

Aber freilich, Kinder – – – und Männer?!
Der Paradiesvogel ist wunderbar – – – nur darf man
von ihm nicht erwarten, dass er Klavier spiele. Denn
das tut er einmal nicht.
»Hättest du mich besser erzogen!«, sagt Lulu zu Dr.
Schön.
Auf das Prokrustesbett seiner Bedürfnisse kann man
jede Frau legen. Aber was hat man dann von dem ver-
krüppelten Rumpfe?!
Chinin ist wunderbar gegen Fieber.
Wenn ich aber Fieber brauche?
Da wäre fast der Malaria-Bazillus vorteilhafter.
»Nimm mich!«, sagt die hundertfache Männer-Mör-
derin. »Ich bin noch immer schön!«
»Ihr nehmt uns unsere besten Kräfte!«, sagte der
Schriftsteller pathetisch.
»Dazu müsst ihr uns erst erziehen!«, sagte die Dame.

»*Wir haben keine Zeit dazu!*«

Der Kenner sah ein Kieselsteinchen mit einem Schnee-klümpchen behaftet den Tannwald-Abhang herunter-rieseln.

»Eine Lawine!« schrie er und stürzte fort.

»Wo?« fragte der Spaziergänger und war bereits begra-ben.

Jedem Vorteil, den ich für mich einem lebendigen Geschöpfe hienieden abringe, entspricht in unent-rinnbar gleicher Größe ein Nachteil. Ein kastriertes Tier wird sanft und lenkbar. Aber es ist ein »kastrier-tes Tier«!

Zur Männer-»Schönheits«-Konkurrenz

[…]

Nur das Skelett am Menschen ist schön. Das Fleisch ist das, was man sich schleunigst abgewöhnen muss!

Heilige Magerkeit, getreueste Beschützerin unserer Beweglichkeiten! Werde das Ziel kommender Genera-tionen!

»Wadeln« sind fast ein moralischer Defekt.

Junge, edle Mädchen sollten die, denen sie ihr Schick-sal anzuvertrauen beabsichtigen, fragen: »wie oft kön-nen Sie die tiefe Kniebeuge machen, mein Herr?!?«

Die Parole des Jahrhunderts laute: Auf »Muschkeln« wird verzichtet!

»Ich habe meinen ›Bizeps‹ im Kopf«, sagte der Weise.

NATURALISMUS UND ROMANTIK

Man kommt eben allmählich darauf, dass die »blaue Blume« der Romantiker ganz einfach wirklich auf dem *wirklichen Felde* wächst – – – die Feld-Glockenblume, die Kornblume, das Vergissmeinnicht etc. etc. und zwar *schöner, lieblicher, weltentrückter und sanft-mysteriöser* als die Blumen auf dem lächerlichen Humus von Wolkenkuckucksheim – – –! Im »Realen« das »Ideale« noch aufspüren können – – – das allein heißt wirklich ein *Romantiker* sein!

GOETHE

»Sind wir weniger Weltenspiegel als du?!? Nur verhieltest du dich um ein weniges ruhiger. So konnte die Welt sich deutlicher spiegeln! «

OBMANN

Es war in einer ganz kleinen Provinzstadt, ich war Obmann der Geschworenen. Lauter Bauern. Eine »*Madonna*« von siebzehn Jahren war angeklagt. Sie hatte in einem Stall geboren. Sie lehnte in dem schmerzlichen Augenblicke an der Stallwand. Das Kind war direkt, wie sie sagte, auf die Steinfliesen heruntergefallen. Der Schädel eingedrückt. Niemand glaubte es ihr.
Der Verführer saß im Gerichtssaale.

Wie ein Verführer – – – schön und roh, gemein bis in die Knochen. Was ging es ihn an?! Hätte sie sich nicht –!?
Meine Bauern-Kollegen sagten zu mir: »Na, na, Sie, dös kennen mir. Wenn mir nix kennen, dös kennen mir. Dös is a Luder! Sie sein alle so. Dös andere möcht' ihnen passen. So a Kanaille!«
Da sagte ich in meiner äußersten Not zu diesen Bauernklacheln: »Meine Herren, sie hat monatelang an Kindswäsche genäht. Sie hat Kindswäsche genäht, meine Herren, fleißig und emsig. Kindswäsche – – – bedenken Sie, seit Monaten – – –!«
Das Wort »Kindswäsche« ist bereits überhaupt wie ein Purgiermittel, es wirkt milde und auflösend bei Seelenverstopfung.
Die Bauernschädel dachten:
»Wann sie im vorhinein Kindswäsche genäht hat – – –?!?«
Sie bekam also nur zwei Jahre, wegen fahrlässiger Tötung.
Der Verführer saß da, schön und roh, gemein bis in die Knochen. Was ging es ihn an?!? Hätte sie sich nicht – – –.

Verzauberte Prinzessin

4 Uhr nachmittags. Sonne, Sonne, Sonne und Wasserspiegel. Er fuhr im Boote an der Schwimmschule vorbei. Da stand auf der letzten Stufe, die in den See führte, eine Fünfzehnjährige, aschblond, in einem weißen Trikot, das ganz nass war und rosig durchschimmerte. Er lud sie ein, sich an das Boot anzuhängen.

Er fuhr in die wunderbare Bucht mit Haselstauden und Schilf. Ihre nackten Arme waren unbeschreiblich schön und das Antlitz mit den runden Augen und der breiten Stumpfnase das einer Wassernixe.

Wenn er sie auf dem Lande traf, war sie das armselige Bürgermädchen.

Da sagte er verlegen: »Wie geht's, Annerl?!?«

Um 4 Uhr nachmittags aber hing sich jeden Tag die süße Wassernixe in weißem Trikot mit nackten Armen an sein Boot an. Er sprach nie ein Wort mit ihr, berührte hie und da zärtlichst ihre süßen nassen kalten Hände an dem Bootrande.

Wenn er sie auf dem Lande traf, war sie das armselige Bürgermädchen.

Da sagte er verlegen: »Wie geht's, Annerl?!?«

BALLAST

Du hängst an mir – – – jawohl, du *hängst* an mir!
Und jeder Seelenschritt spürt dein Gewicht, Helene!
Wie ich mich nach der Freiheit sehne!
Du hängst an mir, und deine Augen blicken ängstlich wie ein Hund,
dem der Gebieter vorschnell die Eingangstüre schließen will – – –. Dein Mund,
längst dankt' er ab ob seiner Unzulänglichkeiten zugunsten deines Auges stummer Sprache!
Du hängst an mir. Und einmal schriebst du mir: »Wenn andre sprechen, *hör' ich zu,* wenn *du* sprichst, *lausch'* ich!«

Und einmal: »Dass du *bist*, ist *gut*! «
So spricht der Fisch zum Wasser: »Dass du bist, ist gut! «
Sieh', da verlor ich jedes Mal, zu morden dich, den Mut!
Du hängst an mir, ich spüre deine Schwere, schlafloser
Nächte tränenschwere Last!
Dennoch wird es enden. Denn endlich stirbt die Seele
doch – – –.
Und eines Tages werde ich die leichten Seelenschritte
des Befreiten schreiten – – –.
Siehe, dann aber ist auch schon die Stunde nahe, da,
wie im Jachtboot das Zentner-Eisen-Schwert zu un-
terst nötig ist für leichte Fahrt,
ich wieder, *allzuleicht*, labilen Gleichgewichts, Helene,
mich nach dem Bleigewichte deiner Tränen sehne!

DAS BANGEN

Mir bangt um dich – – –
Weshalb mir bang ist, weiß ich nicht,
Ich weiß nur, dass mir bang ist.
Mir ist bang!
Wie einer Mutter bang ist ohne Grund,
Noch sind sie alle munter und gesund – – –!
Wie einem Schiffer bang ist, bange, bange,
Während die anderen noch lange
Den wolkenlosen Himmel blöd betrachten,
Und ihn ob seiner Weisheit nur verachten.
Mir bangt, wie einem bangt,
Der Kinder auf dem Meer-Sand-Hügel spielen sieht,

Und weiß, dass nun die Flut vom Land sie abtrennt –
flieht!
Mir bangt, wie einem bangt,
Der weiß, er wird gehenkt um sieben Uhr früh. So, so
bangt mir um dich – – –
Du bist *mein Leben*, es bangt mir um *mich*!
Du aber, du gehst deinen Weg von mir,
Nicht bangt vor meinem bangen Bangen dir!
Dem neuen Schicksal treibst du jach entgegen – – –
Und perlt mein Todesschweiß auf deinen Pfad hernie-
der
Nimmst du's als Tau auf neuen Morgenwegen!

LOB DER MANGELHAFTIGKEIT

Er hatte die Dame innerlich ganz überwunden, war
mit ihr, mit sich fertig geworden. Sein *siedendes* Rückenmark war durch die *Nordpolarkälte* seines Ge-
hirnes besiegt worden. Aus einem Träumer war ein
Erwachter, aus einem dunklen Romantiker ein heller
Klarseher, ein Clairvoyanter geworden!
Und dennoch verdankte er diesen Sieg dem Zufall!
Dem Zufall ihrer *Unzulänglichkeiten*!
Hätte sie die Hände der N. B. gehabt, das Adelsantlitz
der Prinzessin R. in M., den Ambrateint der Frau Pro-
fessor T., die Stirne der E. T., die tönende und dennoch
sanft-mysteriöse Stimme der Ch. de V., die französische
Grazie der R. L., die Lawn-tennis-Kunst der Schwes-
tern P., die Naturliebe, die Rax- und Schneebergliebe

der Gr. E., den englischen, über den Dingen sanftmütig schwebenden Humor der M. M., die süße Bohêmenatur der L. L., die sehnige Elastizität der Th. K., den Adel und die sanfte Würde der Fr. M. – – –, er hätte niemals die Krankheit seiner sehnsuchts-irrsinnigen Nerven heilen können durch diesen ernsten kalten Arzt »Erkenntnis«! Er wäre unterlegen seinem Herzen! Was ihn rettete, was ihn ewig retten wird, ist der glückliche Zufall der *Unzulänglichkeiten* der Angebeteten! Wehe, wenn er eine *Zulängliche* anträfe auf seinen Wegen! Da triebe er mit einem abgerissenen Säumchen ihres Kleides einen Kultus bis an sein Lebensende, der mehr dem Irrsinn gliche als der Liebe! Da ertränke er im Meere seiner eigenen Zärtlichkeiten!

Aber ein gütiges Schicksal spült nur Atome deiner Ideale dir an den Strand! Da kannst du »irrsinnig« werden auf Zeit, kannst deine vierzehn Tage machen, kündigen und gehn, geheilt entlassen.

Tür an Tür

Und ich gab mein Wort, nicht zu kommen.

Da ließest du, meinen Bitten nachgebend, deine Tür, die in mein Zimmer führte, unversperrt.

Draußen lag die vereiste Waldstraße im Mondlicht, und der Sturm sang vom Mürztal herauf in den schwarzen Föhrenwald hinein am Göstritz.

Ich lag und lauschte.

Ich lag und weinte.

Hie und da, in langen Zwischenräumen, hüsteltest du.
So von der ungewohnten Berg-Nacht-Luft.
In namenloser Wehmut begrüßte ich diesen zarten
Laut als das einzige Zeichen deiner Anwesenheit.
Der Sturm sang vom lichten Mürztale herauf in den
dunklen Föhrenwald hinein.
Von Zeit zu Zeit hüsteltest du.
Ich lag und lauschte.
Ich lag und weinte.
Langsam – verging – die Nacht.
Am Morgen sagtest du: »Weshalb sind Sie nicht ge-
kommen?!?«
»Wenn ich gekommen wäre, Sie hätten mich be-
schimpft, vertrieben – – –.«
»Was macht das?! Aber es wäre dann mächtiger gewe-
sen in Ihnen als Ihr Eid! «

Aus dem Tagebuch eines
süssen Mädels in Wien

Ich hab den Peter so gern, wenn er nicht da ist. Da hab
ich ihn lieber wie alle anderen. Aber wie er da ist, mag
ich ihn nicht mehr. Er ist so beschwerlich für uns, wie
wenn ein Fisch in der Luft atmen müsste!
Ich weiß nicht, was das ist.
Man kennt sich nicht aus in ihm.
Hat er uns gern, hat er uns nicht gern?!?
In seinen Briefen, da ist er wirklich der einzige
Peter, wie er leibt und lebt! Seine geschriebenen

Worte glaubt man ihm aufs Wort, aber nicht seine gesprochenen – – –.

Er ist aber auch nur als Geschriebener der Peter! Da ist er so, dass man gerührt ist, wenn man an ihn denkt! Aber wenn er kommt, ist alles aus.

Er verlangt zum Beispiel in einem Briefe ein lila Strumpfband, das ich lange Zeit getragen habe.

Wenn man diese begeisterten Worte liest, möchte man sofort das Strumpfband ausliefern, in Freude und Glück.

Aber wenn er persönlich kommt, sagt man ihm sogleich: »Nein, ich gebe das Strumpfband nicht her. Wie komme ich dazu?! Und übrigens, was hast du davon?! Es ist ein Unsinn. Und überhaupt, es passt mir nicht – – –.«

»Bitte sehr«, sagt er, »ich dachte, du könntest es entbehren. Ich hätte dir ein wunderschönes neues Paar gegeben – – –.«

»Ich brauche keine neuen. Ich behalte lieber meine alten – – –. Mach mich nicht nervös – – –.«

Kaum ist er draußen, möchte man ihn zurückrufen, ihm das Strumpfband mit tausend Freuden schenken. Aber man ruft ihn nie zurück, schenkt ihm nie das Strumpfband. Sondern man fühlt: »Er wird traurige Stunden haben *meinethalben*. Der arme süße Peter – – –.«

Märchen des Lebens

Ein Brief

Ich schrieb einer süßen Gefallenen einen begeisterten Brief, schilderte ihr darin alle ihre Vollkommenheiten, vom Kopf bis zu den Zehen – – –.
Sie ließ mich nachts im Café L. an ihren Tisch bitten durch den Kellner.
»Sö haben mir an Brief g'schrieben?!?«
»Ja, bitte, jawohl, ich habe mir erlaubt, Fräulein – – –.«
»*Was hat dös für an Zweck*?!?«
Späterhin erfuhr sie, wer eigentlich dieser Briefschreiber sei.
Da sagte sie denn häufig zu ihren Herren: »Ob ihr's glaubt oder net, der Peter Altenberg hat mir an riesig begeisterten Brief g'schrieben. Kommts z'Haus mit mir, da zeig' ich ihn euch – – –.«
Und so hatte denn mein Brief dennoch in gewisser Hinsicht einen Zweck gehabt.

Das »Flugerl«

Es gibt nur einen einzigen wirklichen Größenwahn – – –
der Glaube eines Mannes an die Treue einer geliebten Frau!
Niemand hat eine Ahnung von der *Hypnotisierungsfähigkeit* der Frauennerven! Und es ist immer der

andere, der diese Fähigkeit besitzt! Niemals man selbst!

Es ist dabei alles völlig von ihnen *unabhängig*, einer *mysteriösen Macht* unterworfen, einem *Bannfluch der Treulosigkeit*! Sie sind also unschuldig daran!

Ein *vertrauender Mann* ist ein *Idiot*, ein *verächtlicher tausendfacher Feigling*, ein *Kopf-in-den-Sand-Vergraber*, ein *unanständiger* Sichselbstbetrüger! Ein Vogel Strauß mit dessen Gehirn! Die *Begehrenswerte* fühlt, dass sie *begehrt* wird, und das *irritiert* ihr Nervensystem! Ununterbrochen!

Im Café, im Restaurant, auf der Straße, im Tramwaywagen, im Eisenbahnwaggon, im Automobil, im Geschäftsladen, überall, überall, überall kann einer sein, dem sie sich *momentan*, mit geschlossenen Augen, bebend, hingeben möchte! In allen anderen ernsten Beziehungen des Daseins ist sie »*wissende Heuchlerin*«; nur da, nur da, mysteriös erregt und grundlos von einem völlig Fremden, wird sie *unbewusste Wahrhaftige*! Ihre *ängstlichen Augen*, ihr gespannter, ja *gequälter* Gesichtsausdruck beweisen dir die Hypnose, unter der sie sich befindet, gegen ihren Willen, in Bezug auf irgendeinen Kerl, auf den sie momentan fliegt!

Eine *Ohrfeige* könnte da vielleicht momentan nützen oder irgendeine andere schreckliche Brutalität, die einfach ihre Nerven »*umstimmte*«! Aber auch das kann *verkehrt* wirken. Es treibt sie vielleicht *noch mehr hinein*. Am besten ist es, man teile einer geliebten Frau aufrichtig mit, dass man beständig in der Gefahr eines

»*Flugerls*« lebe, eines, auf den sie momentan *fliege*, und bei dem sie das Bedürfnis habe, sich ihm plötzlich hinzugeben, bebend, mit geschlossenen Augen – – –!
Da sagt sie dir dann vielleicht einmal aufrichtig: »Komm rasch, verlassen wir dieses Lokal, dort drüben sitzt ein ›Flugerl‹, der Offizier mit den gelben Aufschlägen, bezahle morgen, was wir gehabt haben; fliehen wir, Geliebtester, ehe es für mich, für dich zu spät ist – – –!«

LIEBESGEDICHT

Ich sah dich den Amseln zärtlich Futter streuen –
Ich sah dich deinen alten Vater sanft betreuen –
Ich sah dich in einem Buche heilige Stellen anstreichen,
Ich sah dich in Gesellschaft unadeliger Menschen erbleichen.
Ich sah dich deine idealen Füße ungeniert nackt zeigen,
Ich sah dich wie eine Fürstin dich edel-stolz verneigen.
Ich sah dich mit deinem geliebten Papagei wie mit einem Freunde sprechen,
Ich sah dich mit einem Manne wegen eines geringen Taktfehlers für ewig brechen – – –.
Ich sah dich an Himbeerduft dich berauschen,
Ich sah dich der Stille eines Sommerabends lauschen.
Ich sah dich an dem Alltag wachsen, lernen,
Ich sah dich traurig stehn vor trüben Gaslaternen.
Ich sah dich dein Leben spinnen wie die Spinne ihr mysteriöses Gewebe – – –

Ich schlich mich abseits, um dich nicht zu stören. Ich werde dich aber lieben, solang ich lebe!

ERLEBNIS

Ich erzähle eine Geschichte aus meinem Leben. Sie hat vielleicht nur Interesse, weil sie wahr ist. Aber das ist sie wenigstens buchstäblich.

Es war vor ungefähr 15 Jahren, und ich hatte damals weder etwas veröffentlicht, noch je etwas geschrieben. Da sagte mir ein liebes gutmütiges Mädchen in einem Geschäfte: »Herr Doktor (irgendeinen Titel musste man mir doch geben), Herr Doktor, meine jüngere Schwester, das ›Sanfterl‹, wie wir sie alle nennen wegen ihrer Sanftmut, möcht' nur einmal im Jahr auf einen Ball geführt werden, nur zum Zuschauen. No, und weil sie diese noblen Grabenfiaker den ganzen Tag von ihrem G'schäft aus sieht, wo sie bedienstet ist, bildet sie sich halt den Fiakerball in der Gartenbaugesellschaft ein, das Dummerl. Ich vertrau' das Mäderl aber nur einem einzigen Menschen an, das sind Sie!«

Und so ging ich mit Elise auf den Fiakerball. Sie langweilte sich in meiner Gesellschaft entsetzlich, während ich ihre unbeschreibliche Schönheit stumm bewunderte. Plötzlich kam ein Fiaker und steckte ihr einen Zettel zu. Wie der Blitz verschwand dieser in ihren Händchen. Nach einer Viertelstunde musste sie »irgendwohin« gehen, wohin ich nicht mitdurfte. Sie kam nicht mehr zurück. Ich suchte sie und fand sie nicht. Da fragte ich einen Bediensteten, ob es noch einen Raum gebe. Ja, im Souterrain säßen die Kavaliere, die Stammgäste der Herren Fiaker. Ich stürzte hinunter. Da saß an einem Tische mitten unter zehn Kavalieren Elise und trank Champagner. Bei mir hatte sie nur ein kleines Eis und zwei Wafferln bekommen. Mit einem Sperberblick ersah ich jenen Kavalier, der noch am nüchternsten war, stürzte auf ihn zu und flüsterte ihm ins Ohr: »*Im Namen der Menschlichkeit*, auf ein Wort!« Er erhob sich sofort, ging mit mir in eine Ecke. Ich sagte: »Dieses Mädchen wurde mir von ihrer älteren Schwester für die heutige Ballnacht anvertraut. Wenn sie betrunken sein wird, wird sie verloren sein! Das wissen Sie so gut wie ich! Adieu – – –.«

Ich ging hinauf, an meinen Tisch zurück. Fünf Minuten später war Elise bei mir. Sie saß da, bleich, verdrossen. Dann sagte sie: »Sie haben mir da eine schöne Sache angerichtet. So eine Blamage! Mit Ihnen geh' ich auch nicht mehr auf einen Ball«. Ich erwiderte: »Ich habe Sie zu beschützen, Elise, bis Sonnenaufgang, 5 Uhr früh, und bis das Haustor sich hinter Ihnen geschlossen haben wird!!! Von da an sind Sie frei.«

»Ah, gehen S' mit Ihnere faden Reden, da werd' ich aber wirklich gleich wild werden! Wissen S', was die Kavaliere g'sagt haben?!? ›Gehen S' nur g'schwind hinauf, mit an solchen Narren, der auf an Ball mitten in der Nacht sagt: Im ›Namen der Menschlichkeit!‹, mit dem is's nicht ganz richtig‹ –.«

Ich fuhr mit ihr nach Hause. Am nächsten Tage sagte ihre Schwester zu mir: »No, wie hat sich das ›Sanfterl‹ benommen?!?«

»Ihrem Kosenamen entsprechend«, erwiderte ich.

AUS UNSEREN TRÄNEN WIRD WEISHEIT; ABER AUS EUREM LÄCHELN?!?

An dem Tage, an dem man erfahren hat, dass man einen Haupttreffer gemacht habe, verdaut man Speisen leicht, die man tags vorher noch hätte erbrechen müssen!

*

Zwei Arbeiter gehen hinter einem Mädchen, das wunderbare aschblonde Haare hat: »Jessas, Jessas, de Haar, de möcht' man ins Maul nehmen, so schön sein s'!«

*

Einziger *wirklicher* Triumph eines männlichen Herzens – – eine wirklich reuig Zurückkehrende.

*

Die wunderbare junge Spanierin sagte mir über meinen Brief: »Votre lettre – –– je comprends, que vous me comprenez – – – c'est tout ce qu'il nous faut – – – c'est' plus!«

*

Wunsch:

Ich möchte, dass eine geliebte Frau noch immer zärtlicher und liebevoller ein Blumenbeet im Garten anblicken könnte als mich – – –

*

Manche Menschen sind schon ganz verkommen, und noch immer verraten ihre adeligen Gliedmaßen die Intentionen Gottes, die sie nicht realisiert haben!

*

Wenn man Romeo *auf Ehre und Gewissen,* das eben kein Romeo besitzt, fragte, ob er es denn sich wirklich zugetraute, die geliebteste Julia *ganz, ganz glücklich* zu machen, so müsste er erwidern: »Ich glaube, mein Herr, für einige Wochen langt es gerade – – –«.

*

Die Seelen der Ehebrecher sprechen bereits miteinander, und derjenige, der um sein Glück ängstlich zittert, hört doch nur die Worte: »Guten Abend!« und »Wie geht es Ihnen?!?«

*

Es gelang dem Tierbändiger, es den Tigern weiszumachen, dass er mächtiger sei als sie. Es gelang dasselbe dem Gatten bei seiner süßen renitenten Frau. Aber der Tierbändiger ist *anständiger.* Er sagt nie: »Sie brauchen das zu ihrem Glücke!«

*

Er war *sehr musikalisch* und *verachtete* die Frauen! Das heißt, er *erwartete sehnlichst* und *vergebens* eine, die so wirkte wie Beethovens Adagios und Schubert-Lieder!

*

Prinzip!

»Ich habe es mir einfach zum Prinzip gemacht, meine Briefe nicht herzuzeigen und basta«, sagte sie zu ihm. Da schlief er die ganze Nacht nicht, hatte am nächsten Tage schreckliche Migräne und versäumte eine wichtige geschäftliche Angelegenheit. Auch aß er keinen Bissen zu Mittag.

*

»Ich halte Bananen für das gesündeste Obst! «
»Weshalb essen Sie sie dann nicht selber?!?«
»Kann die Zuträglichkeit einer Frucht *durch mein persönliches Verhalten* ihr gegenüber größer oder geringer werden?«

*

»Sie predigen Wasser und trinken Wein, mein Lieber!?! «
»Wäre es nicht ein größeres Verbrechen, Wein zu trinken und ihn auch noch zu predigen?!?«

*

»Sie ruinieren uns alle Frauen, mein Herr Dichter, indem Sie ihre Ansprüche an den Mann und seine Art und Weise vergrößern! «
»Ich sehe ein, dass es taktlos von mir ist, die Frauen darauf aufmerksam zu machen, dass der Mann ein Wesen von unendlicher Kultur sein sollte! «

»Wohin kämen wir, bitte, wenn wir nur immer Idealen nachhängen würden?!?«
»*Zu den Idealen*!«

*

Ausspruch einer wunderschönen jungen Frau

Es ist das Seltenste auf der Welt, einen Mann zu finden, der einen ununterbrochen entschädigte für die vielen Liebhaber, die man seinetwegen nicht erhört hat!
Man wird einmal so überempfindlich werden, dass man die Eifersuchtsqualen eines liebevollen Herzens, die man erzeugt, wird *miterleben* können. Dann wird man auch den rohen Mut verlieren, sie diesem Herzen aufzubürden! Aber dazu muss man *dekadent* werden, das heißt »*überempfindlich*«!

*

Mein Kind zertrat einen Maikäfer. Ich sagte zu ihm: »Denke dir ein Reich der Riesen. Da kommt einer und zertritt dich! Kein Papa mehr, keine Mama, keine Kinderfrau Mimi, kein Onkel Karl. Du bist ein Brei. Und weshalb? Niemand weiß es.«
Mein Kind dachte: »Philosophieren, gut! Aber nur net schlagen!«

*

»Meine Frau *langweilt* sich an meiner Seite!«
Tiefste psychologische Erkenntnis, die es überhaupt gibt. – – –
Weshalb schrieb noch niemand das Drama: »Langweile«?!? Das wirklich Tragischeste, das existiert?!!

*

Man kann einen »wirklichen Menschen« *wittern an einem Nichts*, wie die edlen Hunde das Wild.

*

Die Menschen vertragen das flache Geschwätz. Aber nicht das tiefe Schweigen! Da sagen sie alsbald: »Heute sind Sie nicht sehr amüsant! Was ist Ihnen?!? Ist Ihnen etwas über die Leber gelaufen?!? Wirklich, bei Ihnen kennt man sich nicht aus – – – *Kommen Sie zu sich,* mein Herr – – –«. Eben dort aber war man!

*

Eine Dame zu ihrem Geliebten, der es etwas an Takt und Geschmack fehlen ließ – – *Omne animal post coitum unhöflich!*

*

Es gibt einige Worte, bei deren Nennung angeblich kultivierte Damen noch immer beunruhigt werden: »Syphilis, Hure, Päderast – «. Wie wenn ein Botaniker beunruhigt würde durch die Worte: Tollkirsche, Schierling, Bilsenkraut –!?

*

Gespräch zwischen zwei kleinen Knaben

»Wer ist dir lieber, der Moses oder der Rübezahl?! «
»Natürlich der Moses! «
»Mir der Rübezahl. Der Moses muss alles tun, was Gott ihm anschafft, aber der Rübezahl tut, was ihm passt! «

*

Dichter

Jemand schrieb über mich: »Und wenn man wirklich noch daran zweifeln könnte, dass man es hier mit einem gottbegnadeten Dichter zu tun hat, so lese man nur die kleine Geschichte von dem siebenjährigen Kind!«
Gerade diese Geschichte hat mir die Mutter dieses Mäderls wörtlich mitgeteilt.
»Aber diese einfache Sache für wert zu halten, sie den anderen mitzuteilen, mein Herr?!?«
» Jawohl, *das heißt* ein Dichter sein!«

*

Kultur

Wenn es also wahr ist, dass sanftmütigstes rücksichtsvollstes Benehmen Frauen auf die Dauer langweilig und reizlos wird, dann – – – wollen wir ihnen lieber fade und uninteressant werden!

LANDPARTIE

Er machte mit ihr eine Landpartie und dachte besorgt an alles, was sie brauchen könnte. Er hatte Nadeln bei sich und Sicherheitsnadeln und Englischpflaster, rot und weiß, und Chocolat Suchard Milka, und Soda-Mint, und Arnika gegen Gelsenstiche und selbstverständlich papier poudré. Aber irgend einmal bedurfte sie gerade einer Sache, an die er nicht hatte denken können …

»Und das nennt er liebevolle Fürsorge!«, dachte die Dame.

MAMA

Meine Mama ist tot. Nichts von ihr ist übrig, sie ist aus der Welt verschwunden.

Wenn sie für das Theater, eine Soiree, einen Ball frisiert, angezogen wurde, war ich als Kind verzweifelt und wie in Todesangst. Ihr Weggehen abends aus der Wohnung kränkte mich unbeschreiblich. Die Bonne sagte:»Schau doch, was du für eine schöne Mama hast – – –«. Niemand begriff meinen Schmerz. Sie ging in die Welt, die nicht die meine, die unsere war, und zwar sogar mit Freuden. Ich war tief unglücklich. Ich sah die Zimmer mit den Öllampen wie nach einem verheerenden Kriege, wie nach einem Unglücksfalle. Den Spiegel, an dem sie frisiert wurde, das Lavoir, in dem sie ihre zarten Hände gewaschen hatte, den Schlafrock, die Pantoffeln. Alles war so in Unordnung geraten; nur weg, weg, weg in das Vergnügen hinein! Niemand hatte Sinn und Zeit für meinen Schmerz, weder die alte gute Köchin noch das liebenswürdige Stubenmädchen, noch die Bonne. Alle setzten sich zusammen und tratschten und waren vergnügter als sonst. Ich aber hatte mein Liebstes verloren, während die anderen einen »freien Abend« gewonnen hatten.

Vor einigen Tagen stand ich nachts 2 Uhr vor dem Hause Franzensbrückenstraße 3. Ich sah zu den dunklen Fenstern hinauf im 2. Stockwerk. Hier also, um diese stille Stunde, war meine schöne Mama in unendlichen Leiden gelegen, hatte mich zur Welt gebracht. Ich hörte gleichsam mein erstes Winseln, sah Mama zu Tode erschöpft von ihrer Lebenspflicht. Also ich war da; das Verhängnis meines Daseins war nicht mehr rückgängig zu machen, ich war verurteilt zu den endlosen Verirrungen; ich schrie, aber die Hebamme sagte wahrscheinlich: »Oh, eine gesunde Lunge!«

Nun stehe ich da, vor diesen Fenstern, in derselben Nachtstunde, höre gleichsam Mamas Seufzer wieder. Ich bin glatzköpfig und ziemlich verkommen und 48 Jahre alt und habe es zu nichts gebracht trotz herrlicher Anlagen.

Mama ist tot. Nichts von ihr ist übrig. Sie ist aus der Welt verschwunden auf Nimmerwiedersehen. Sie hat mir einen gesunden Leib, Intelligenz und Seele mitgegeben, also ihre Verpflichtung als Mutter ideal erfüllt. Sie ruhe in Frieden – – –

BILDERBÖGEN
DES KLEINEN LEBENS

GEDICHT

Wie ich zu Tode quäle eine liebevolle Seele,
Wenn ihre Hülle »Leib« nicht meinem Ideal
entspricht – –!
Wie stell' ich's aber an, dass ich das »Edlere« wähle?!?
Mein Wächter »Auge« gestattet es mir nicht!
Er sagt: »Man täuschet dich; die beste Seele
Kann eben nur im besten Leib gedeih'n!
Und nur weil Christus vollkommen schön gewesen,
Konnt' sich sein Herz der ganzen Menschheit weih'n!
Voll innerer Sanftmut ist nur das schönste Wesen;
Es dankt dem Schöpfer gleichsam ewig für seine Gnad'
auf Erden – – –,
In seinem verborgensten Blick kannst du es lesen:
,Ich bin von Ihm verpflichtet worden, gut zu werden!'
Gott ähnlich werden ist jedem benommen,
Der nicht die Glieder dazu mitbekommen!
Nur vom vollendet schönen Menschen fordre ich Hirn
und Herz – – –
Er fliege, Gott-begnadet, himmelwärts!
Er sei gerecht, allgütig und allweise – – –
Und er allein stört mir nicht meine Kreise,
Dass der Mensch engelrein werden könne in absehba-
rer Zeit!

Von den anderen aber verlang' ich nur,
Dass sie sich betrachten als misslungene
Exemplare der Ideale erträumenden Natur!«

DIE »GEWÖHNLICHE« FRAU

Wehe dir, der du nicht *geschützt* bist vor Frauengunst,
und verbrennst in Liebesbrunst!
Ein *ewig Wachsender* bisher, wirst du nun ein *Stillgestandener*!
Eh' du es spürst, bist du ein *anderer*,
ein *Niederhocker* wirst du, *Wanderer*!
Nicht wie im Kaleidoskope mehr wandeln sich dir in
holdem Verändern die Bilder des Lebens, wandelt sich
dir dein *wandernder* Blick;
und im *kleinen Kreislauf* und lieblichen Austausch
geschlechtlich-seelischer Kräfte
vollendet sich nun dein allzu gesichertes *Alltagsgeschick*!
Aber die anderen, *einsam*, den Blick gerichtet in *Fernen*,
folgen *unentwegt* ihren Sternen!
Wehe dir, der du nicht vor Frauengunst *geschützt* bist,
und nun für die »*kleine Tat*« des Lebens *ausgenützt*
bist!
Für die *All-Schönheit* darfst du nichts mehr fühlen
– – –

Die Hauptsache ist, du sollst dich nicht verkühlen!
Nicht mehr bei Emerson lesen und Beethoven spielen,

wirst du himmlische Kräfte zu unerschöpflicher Tat
aufspeichern!
Emerson und Beethoven sind *heilige Geber* – –
aber die Frau will sich *an dir* bereichern!!
Und du, *Arm-seliger, verarmst!*
Deines Größenwahnes *heiligen Kern* heilt sie dir, gibt
dir *zugeschnittene gesunde* Glückseligkeit dafür!
Im blasenden *Sturm hemmt* sie dir deinen Lauf, stellt
dir sorgsam den Rockkragen auf!
Vor Abgründen sucht sie dich zu bewahren, lässt dich
in den *Abgrund deiner Alltäglichkeit* fahren!
Dein Gehirn schützt sie vor *Melancholien* und *Träumen,*
weiß mit überschüssigen Kräften auf*zuräumen!* Deine
Seele schützt sie vor Wanken und Schwanken, weiß sie
an nahe *Ziele* festzuranken!
Deinen Körper zwingt sie schäbig, sich *zu erhalten,*
denn sie *braucht* ihren Alten!!
Wehe dir, der du nicht *geschützt* bist vor Frauengunst,
und verbrennst in Liebesbrunst!
Unser *vergebliches Sehnen* ist unser Kräftespender!
Unser *erreichtes Ziel* ist unser *Wegbeender!*
Durch unsere Tränen hängen wir mit *der Welt* zusam-
men,
die selbst ewig *um Ideale weint!*
Doch unser *Sieger-Lächeln* wird uns verdammen,
denn wir sind *vorzeitig* geeint!
Zum Abschluss will die Frau uns bringen und *unser
Ringen!*

In friedevolle endgültige Ehe wollen wir einst mit der
Gesamtnatur treten,
ihr aber müsst bereits zu Anna oder Grete beten!
Der *Gott in dir* duldet keine Göttinnen,
aber schon gar nicht *irdische Hundsföttinnen!*
Bei Emerson lesen und Beethoven spielen
kannst du unerschöpfliche Kräfte erzielen!
Aber selbst deine *vollkommen*ste Frau erhebt sich nicht
zu Brünhildens Abschiedsworten:
»Zu *neuen* Taten, *teurer* Helde,
wie liebt' ich dich, *ließ'* ich dich nicht?!?«

DIE BONNE

Von allen, allen war sie weitaus die Beste! Denn sie
sprach nichts und trug ihr Schicksal der missachteten
Dienenden! Sie aß, was man ihr vorsetzte, nie fragte
man sie, ob es ihr genehm sei, ob sie Spinat vielleicht
Erdäpfeln vorziehe?!? Aber diese anderen, diese »gemästeten« Damen, in eigenem Egoismus, und in
der schweigsamen Feigheit ihrer Gatten gemästeten
Damen, machten einen Cas aus jeder missliebigen
Speise – – –. War die Bonne denn aus anderm Fleisch
und Blut, hatte sie denn weniger Anrecht, dieses zu
lieben und vor jenem zurückzuschrecken?! Man ver-
höhnte sie, weil sie gerne edle Zigaretten rauchte und
doch dazu nicht berechtigt wäre infolge ihrer sozialen
Position und ihrer ökonomischen Verhältnisse – – –.
Rauche du »Sport«, oder noch lieber, rauche du gar

nicht! Hast du denn ein Anrecht auf Vergnügen?! Meine Liebe, überschreite doch nicht die Grenzen deiner Nichtigkeiten! Die »Damen« aßen stundenlang Solokrebse, mit leidenschaftlichem Behagen; aber die Bonne saß schweigend da, ja in tragischestem Schweigen, bedrückt von der miserablen Behandlung, die man ihr von allen Seiten angedeihen ließ – – –. Da legte der Dichter zehn Zigaretten En A-Ala, großes Format, vor sie hin – – –. Sie wurde schrecklich verlegen über diese ihr ungewohnte Ovation. Sie glaubte dennoch nicht einen Augenblick lang, dass er ihr »den Hof« machen wolle auf diese Weise, sondern dass er nur die andern züchtigen wollte für ihre Un-Menschlichkeiten! Bald darauf wurde ihr der Dienst gekündigt, und man gab allmählich auch den Verkehr mit dem allzu »exaltierten« Dichter auf. Was übrig blieb von dem allen, waren zehn Zigaretten En A-Ala, großes Format, die die Bonne in einem eigenen kleinen Schreine sorgsam verwahrte – – –.

ÜBER GERÜCHE

Frauen sind enorm impressionabel, sie nehmen so leicht die Gerüche ihrer Umgebung an! War sie in der Milchkammer, so riecht sie noch stundenlang nach Milch, ihre Hände, ihre Haare, ihr ganzer Leib – –. War sie auf dem Gemüsemarkte, so riecht sie noch stundenlang nach allen Gemüsen, wie Kräutersuppe – – –. Im Garten riecht sie nach Flieder oder Linde oder überhaupt nach Garten – – –. Auf der Alm nach Kuhweide und Kurzwiese. Das ist ein tragisches Schicksal; denn immer riecht sie daher auch nach dem letzten Hunde, mit dem sie gerade beisammen war, nach dem letzten Snob und seiner Pestausdünstung, seinem Lügegestanke! Nach Dichtern riecht sie nie, denn Dichter halten sich in respektvoller Entfernung, wahrscheinlich aus künstlerischem Egoismus! Am meisten riechen sie nach »Frechlingen«, die einem immer allzu nahe treten! Da nehmen sie die Gerüche am allerleichtesten an. Edle Frauen sollten unbedingt immer in der Natur bleiben oder in der heiligen Einsamkeit ihres eigenen Zimmers. Überall sonst stinkt es!

Auch gute Bücher stinken nie, sie sind das Destillat aus allen übelriechenden Sünden, die man begangen hat, man hat daraus endlich einen Tropfen wohlriechender Menschlichkeit gewonnen!

Aber die anderen destillieren nicht!

DU HAST ES SO GEWOLLT

Nun hast du deine Ruhe, süße Frau – – –
Nicht stört dich mehr mein Schlachtkalb-Blick –
So hast du es gewollt!
Ich hab's vernommen! Ich war dir eine Last!
Und Tage werden kommen, Jahre, vielfältigen Schicksals – – –
Und einst wirst du in einer müden Stunde in meinen
Briefen kramen:

»Er ward sehr krank an mir; ich aber ließ ihn
sterben – – –.«
Nun hast du deine Ruhe, süße Frau.
Verstummt der bangen Klage störendes Geplärre!
Es spricht dein harter Blick: »Seh'n Sie, so sind Sie mir
viel lieber!«
Sahst du den schwarzen Panther in seinem Käfig
manchmal mit dem gelben Blick des Wahnsinns rastlos
seine Achter schleichen?! Sahst du ihn?! – – –
Nun hast du deine Ruhe, süße Frau.
»Wir wollen gute Freunde bleiben, Peter, nicht wahr?!
Nicht? Wie?! Was, was haben Sie?!«
»Nichts – – –«, sagte ich, und reichte dir die Hand.

JAPANISCHES PAPIER, PFLANZENFASER

Er hatte ihr bereits alles geschenkt, was eine liebevolle
zärtlichste Seele sich auserdenken könnte –. Nun war
er am Ende seiner liebevollen Phantasie, und er hätte
sich nur noch wiederholen können – – –. Sie hatte in
wunderbarer moderner Auffassung alles angenommen; denn sie fühlte es, dass es eine heilsame Medizin sei für seine erkrankte Seele, besondere Dinge zu
schenken, zu schenken, zu schenken – – –. Sie nahm
es an, wie eine Verpflichtung gegenüber einem Herzen,
das man, wenn auch unabsichtlich, krank gemacht hat;
und sie sträubte sich daher auch nicht gegen solche
Geschenke, die unter andern Umständen einen zu
intimen Charakter gehabt hätten, wie Schirm, Hand-

schuhe, Gürtelschnalle, Taschentücher und so weiter, und so weiter, und so weiter – – –. Nun aber war er zu Ende mit Realität und Phantasie, insofern seine Geldmittel es gestatteten – – Da las er in einer Zeitung eine Annonce eines echt japanischen Klosettpapiers, aus japanischen Pflanzenfasern, unerhört zart und dennoch fest im Gefüge, wovon ein Paket freilich eine Krone achtzig Heller kostete, während die einheimischen besten Sorten für eine Krone zu haben sind – – –. Er kaufte zehn Pakete und schickte sie ihr. Sie war anfangs ganz entsetzt, beleidigt und gekränkt. Aber allmählich gewann das natürliche Denken die Oberhand. Und sie schrieb einfach zurück: »Nunmehr, Zartfühlendster, wird es Ihnen aber wirklich sehr schwer fallen, noch irgendetwas sich auszudenken, was mein Leben mir erleichtern könnte – – –.«

AUS EINEM BRIEF AN FRAU L. ST.

Schütze einen Maikäfer vor dem *Zertretenwerden*! Und du wirst *mehr* Lebenskraft davon *gewonnen* haben als er, der *vor dem Tode stand*!!! Ihn erretten, heißt, *dich selbst* erretten!

GREGORY-TRUPPE

Männer liegen am Rücken auf entsprechend gebauten roten Lederfauteuils ohne Füße und jonglieren mit den Füßen herzige Knaben. Sogenannte »Antipoden«, mit lebenden Wesen statt mit Riesenkugeln, Würfeln, Tischen, spanischen Wänden. Die Leiber der Knaben sind biegsam wie Kautschuk, es kann ihnen nichts geschehen, sie geben nach, jedem Schwunge; was man auch mit ihnen treibe, sie bleiben intakt! Die Knaben sind besser gewachsen als Mädchen und haben einen freudigen, begeisterten Gesichtsausdruck. Sie »arbeiten« wie edle dressierte Hunde bei einem gnädigen, verständnisvollen Herrn. Sie sind das Gegenteil von »verprügelt«. Sonst könnten sie nicht diesen leuchtenden, begeisterten Gesichtsausdruck haben! Alles kann man ihnen, den jugendlichen Artisten, einlernen, einschärfen, einprügeln, aber der Gesichtsausdruck bleibt die freie Wahl des unbezwinglichen Inneren! Ich schaue jedem Artisten nur in das Gesicht. Hier ist das Zeugnis eingeschrieben, ob er »berufen« ist vom Schicksal zum Artisten oder es sich »zugelegt« hat aus tausend Gründen! Nun, in dieser Gregory-Truppe ist solch ein »berufener« Knabe. Ein etwas scharfes nervöses Gesicht und etwas bleich unter der roten Schminke. Auch dieses fühlt man durch. Er ist Meister, ohne viel zu lernen. Er braucht nicht zu üben. Etwas in ihm verleiht ihm unerhörte besondere Elastizitäten. Seine Schwungkraft ist um vieles vehementer als die der andern reizenden Knaben. Er ist in allem wie ein Sieger, er ist allen innerlich um viele Längen vor, obzwar sie alle dasselbe vollführen. In ihm sind elektrische Spannkräfte aufgehäuft, mühelos vollbringt er, was andre sich »erworben« haben. Siehe, ein Genie des Turnens! Er macht das Unmögliche möglich in leichter Anmut! Er würde es »umsonst« leisten, auf Wiesen oder Dorfstraßen, die »Varietébühne« ist ihm nichts anderes!

Und da saß einer in der Proszeniumsloge ganz hart an der Bühne, so fünfzig Jahre alt, und murmelte: »Ist er nicht schöner, wertvoller als alle Frauen zusammen, die mich zerstört haben?!? Ich werde ihm morgen anonym eine Patek-Uhr schicken, Genf, von der Sternwarte geprüft, garantiert auf dreißig Grad unter Null, auf neunzig Grad über Null, mit Kupfermantel gegen elektromagnetische Einflüsse geschützt, zweitausendfünfhundert Frank wert, die ihm sonst niemand schenken würde! Und ich werde es erzählen, allen Damen; und wenn mich eine ironisch lächelnd dabei ansieht, werde ich sie ohrfeigen!«

DIE MITZI

Zwei kleine Cafétische, rund, in einem Eck, vis-a-vis voneinander.

Die Mitzi kommt, setzt sich an den einen Tisch.

Der Kellner: »Fräul'n Mitzi, wollen S' nicht an Ihrem gewohnten Tischerl Platz nehmen?!?«

»Nein, hier bleib' ich – – –.«

»Fräul'n Mitzi, Fräul'n Mitzi, dös hätten S' net *tun* sollen, Gott, dös hätten S' net *tun* sollen; dös ganze Lokal is auf – – –. Gehn S' setzen S' Ihnen an Ihren gewohnten Tisch und machen S' kane G'schichten –. Wann Er kummt und dös merkt – – –!?«

»Bringen Sie mir ein Glas Tee halb mit Rum gefüllt!«
Kellner ab.

Der Fiaker Karl erscheint. »Fräul‹n Mitzi, i kumm nur g'schwind herein, es Ihnen melden, der Herr Franz is im Lokal, er wird glei da sein – – –.«

»Schau'n S' dass S' abfahrn, kümmern S' Ihna um Ihnere Gäul'.«

»Fräul'n Mitzi, san S' nicht so leichtsinnig, mir haben Sie alle gern – – –.«

»Warum soll i net leichtsinnig sein?! Wen kümmert das was?! Soll er kommen, der Herr Franz – – –! Malheur!«

»Er wird stechen – – –.«

»No wird er; Malheur – – –!«
Der Fiaker entfernt sich.

Der Herr Franz kommt langsam, setzt sich an seinen gewohnten Tisch.

Er steht auf, kommt langsam, plump schwerfällig an den anderen Tisch, stützt den rechten Arm auf die Tischplatte: »Sö wollen allein sein?!?«

»Nein. Warum?! Keine Spur. Warum soll ich allein sein wollen?!? Lächerlich.«

Pause. Beide wie Raubtiere vor dem Morden. »Sö wollen also nicht allein sein?!?«

Sie trinkt ihren Tee.

Pause.

»Sö wollen also doch allein sein?!«

»Ich bitte, gehen Sie an Ihren Tisch zurück und belästigen Sie mich nicht – – –!«

»Belästigen?!«

»Belästigen, ja, belästigen – – –!«

Sie schaut ihn an wie eine stechende Kreuzotter, wutentbrannt.

»Seit wann belästige ich Sie, Fräulein?!«

»Seit lange schon – – –.«

»Es wird nicht seit so lang her sein – – –.«

»Oh, ja, seit sehr lang her – – –.«

»Es wird seit vorgestern sein, beim Fünfkreuzertanz im Prater – – –.«

Sie lächelt perfid-höhnisch.

»Warum lachen Sie?! Sie, spül'n S' Ihner net mit mir! Net sich mit mir spül'n, Mitzerl – – –.«

» Ach was, gehn S' an Ihren Tisch zurück und lassen S' mich in Ruh'. Tu' *ich Ihner* was, no also! Lassen S' mich ruhig meinen Tee trinken – –.«

Er geht an sein Tischchen zurück. Wie ein gepeitschter Tiger im Käfig.

Isabella kommt, bleibt zwischen beiden Tischchen stehen, schaut beide an.

Mitz: »No, was stehn S' da?! Was gibt's zu schauen?!«

Isabella: »Darf ich nicht da stehen?! Regen S' lhna net auf, Fräulein, *Ihnen* schau' ich eh net an!«

Mitzi: »Freches Mensch!«

Isabella: »Wer is Ihr freches Mensch, wer?!?«

Franz: »Isabella, palisier! Geh' weiter, was hast davon?!?«

Mitzi zu Franz: »Lasst du mich beleidigen?! Wann ich an *deinem* Tisch sitz'?!?«

Franz: »Lass sie, sie hat dir nix tau, was kümmert sie dich?!«

Isabella geht ab.

Mitzi: »Mir scheint, die fliegt auf Ihna, die blattersteppige Funzen, und Se protegieren sie noch. Wann s' noch amal herkommt, kriegt s' a Watschen! So a schiechs Luder, wann s' wenigstens nach was gleich sähert – – –!«

Pause.

Beide trinken Tee mit Rum.

Isabella kommt wieder, geht an den Tisch der Mitzi heran, sagt laut – deutlich: »Fräul'n Mitzi, der Herr Poldl von vorvorgestern, vom Fünfkreuzertanz im Prater, is draußen. Er schickt mich herein, Ihnen die Post zu sagen, dass er *verabredetermaßen* draußen auf Sie wartet – – –.«

Die Mitzi blickt sie hasserfüllt an, beginnt dann bitterlich, bitterlich zu weinen.

Franz: »Wein' nicht, Mitzerl, mir gehören zusamm'! Schau'n S' dass S' abfahr'n, Sie Koberin, richten S' uns keine Posten aus! Es wird doch noch eine Anständigkeit geben in dera Welt – – –!«

Mitzi steht auf, gibt der Isabella eine Watschen –.

LEKTION

»Mein liebes, getreues Kind, ich kenne alle, alle deine Ehebrüche, deine Treuebrüche, die du an mir begangen hast – – –.«

»Wie, was, um Gottes willen, bist du irrsinnig geworden, willst du mich beleidigen, zu Tode kränken?! «

»Ruhig! Das Maul gehalten! Kusch! Es gibt in den Restaurants, in den Cafés, in den Seebädern, am Gänsehäufel, eine ganze Anzahl von immerhin sehr netten Männern, die seit Monaten mit der Empfindung herumgehen: ›Die hätt' ich unter Umständen haben können! Aber wozu sich einlassen?! Wer weiß, wie es dann ausgeht; lieber nicht – – –.‹

Weißt du aber, worin die Treue einer Frau besteht, meine Liebe?!?

Dass es auf Gottes Erde keinen einzigen Mann gebe, der, selbst ganz blöd versunken in seinen schmählichsten Eitelkeiten, sich das je auch nur eine Sekunde lang einbilden könnte! Das sei eure einzige Treue, dass jeder *andere hoffnungslos dahinsterbe*! «

»O Herr über mein Leben, ich habe nichts getan, ich bin doch allen Gefahren ausgewichen – – –.«

»Gefahren ausgewichen?!? Wo gibt es denn Gefahren für eine wirklich getreue Seele?! Das Wort ›Gefahren‹ ist schon ein *Verbrechen*! «

Er schlägt und ohrfeigt sie.

»O Herr, ich war also dennoch eine Sünderin! «

ZUSAMMENHÄNGE

Die meisten Mütter geben ihren Töchterchen den Rat:
»Erwirb dir seine Achtung – – –.«
Sie müssten ihnen aber den Rat geben: »Erwirb dir
seine Verachtung!«
Wehe der Frau, die vom Manne nicht verachtet wird
und nicht missverstanden wird als hysterische, halb
irrsinnige Persönlichkeit!
Wehe der Frau, die dem Manne verständlich ist! Wehe
der Leichtfasslichen, in jeder Beziehung! In ihrer Rät-
selhaftigkeit allein liegt ihre Persönlichkeit! Eine Frau
verstehen, ist ihre Verurteilung! Das hat sie mit dem Genie gemeinsam! Mit beiden ist es daher gleich schwer,
zu verkehren!!! Wenige nehmen sich die Mühe, sie zu
»ergründen«. Die meisten ziehen sie an ihre eigene
»Oberfläche«! Die Frauen und die Genies denken daher: »Weshalb soll ich mich flach machen lassen, wenn
ich doch tief bin?!?« Der Spinat fühlt: »Was bin ich für
eine wunderbare Anordnung von lebendigen Zellen,
was für ein Mysterium von geheimnisvollem Leben
und Walten!?« Aber der Koch macht ein einfaches Pü-
ree daraus, und der Mensch frisst es, ohne Phantasie!
Also verfährt man mit der Frau und mit dem Genie.
Man appretiert sie zu gemeinnützlichen Gegenständen.
Man verkocht sie und serviert sie in verdaulichem, genießbarem Format. Daher sagt der verkochte Dichter
so oft zu der verkochten Frau: »Siehe, ich verstehe dich,
und du verstehst mich! Lassen wir uns also ruhig ver-

speisen!« Und sie schließt die müden Augen und lässt sich verspeisen, in verdaulichem, genießbarem Format! Wehe den Fressern und Verdauern!

LEITMOTIV FÜR EINE EDLE DAME

»*Sei*, die du *bist*!
Nicht *mehr*, nicht *weniger*!
Aber die *sei*!
Und in allem und in jedem – – –.
Willst du's versuchen, dir selbst zu entrinnen?!
Vergeblich!
Dein Gott *in dir* lässt es nicht zu – – –
Und auch dein Satan in dir hält seine Beute!
Folge doch lieber *deinem* Sterne,
Der vielleicht schon deinen Urvätern milde oder verhängnisvoll geleuchtet – – –.
Und solltest du dabei in den Abgrund stürzen,
So sei es wenigstens der *deine*, in dem du zerschellst!«

AUTOMOBILFAHRT

Sie hatte alles und hatte doch eigentlich gar nichts.
Sie war wunderbar schön, aufgezogen zwischen Wiesen und Wäldern, aber einem städtischen Millionär anheimgefallen!
Dante Alighieri hätte sich sieben Jahre lang um sie abgehärmt, und von ihren Lieblichkeiten seine dumpfen müden Gesänge entnommen – –

Aber sie ward falsch beraten, wie die meisten. Sie wünschte es eben sehnlichst, dass Fräulein Anna sie beneide und dass Tante B. sie segne.

So opferte sie ihr Lebensglück.

Niemand half ihr, und sie stürzte daher in den Abgrund der Vergnügungen – – –.

Gott sah herab mit seinen ernsten milden Weltenaugen, und die Engel weinten bitterlich um ihn herum.

Da wurde sie auf einer rasenden Automobilfahrt, 90 Kilometer die Stunde, abends in dunstender Au, an einen alten Baum hingeschleudert und starb.

Bevor sie starb, blickte sie um sich, sah eine graugrüne, feucht-dunstige Landschaft voll von Wiesen und fernen Wäldern. Die Menschen um sie herum erkannte sie nicht mehr. Die Herren fuhren mit der Leiche langsam zur Stadt. Jetzt, jetzt hätten sie 120 Kilometer nehmen können die Stunde, da nichts mehr zu befürchten war für die süße Frau – – –. Aber da fuhren sie fast im Schritt – – –.

ENGLISCHE TÄNZERINNEN

Sissie B., Lillie R., ihr waret gutmütig, sanftmütig wie edle Kinder. Ihr wurdet zutraulich, wenn man euch lieb hatte. Ihr kamet wie scheue Rehe aus dem Waldesdickicht eures Misstrauens, falls man euch liebevoll-gerührt betrachtete. Eure Art zu gehen war schon wunderbar. Und das allein bewirkte bereits tiefe Anhänglichkeit in mir. Aber der »liebende Mann« hat für diese göttlichen Details kein Auge! Er will besitzen, sich erlösen, sich berauschen, sich betäuben. Was kümmert ihn euer Schreiten?! Er hat keinerlei Achtung vor euerem stillen Dasitzen und in die ferne Heimat hineinblicken, in fremdem Lande. Er hat keinerlei Achtung vor »kindlicher Verlassenheit«, und vielleicht fehlen euch zwanzig Kronen für die Wäscherin – – –. Ihr musstet trinken, ohne dass euch zu trinken war, ihr musstet lachen, ohne dass euch zu lachen war, ihr musstet tanzen; aber zu tanzen war euch immer!

Und dann fuhren sie in ein neues »Engagement«. Und die eine schrieb mir: »Grüßen Sie herzlichst Herrn B. K. Fragen Sie ihn, weshalb er mich zuletzt so sehr gekränkt und beleidigt hat?! Ich habe ihm doch so schön vorgetanzt und ihm seine englischen Lieblingslieder alle noch zuletzt vorgesungen – –?!?«

Neues Altes

Texte auf Ansichtskarten

Rokoko

In dieser Zeit lebten Menschen, die vom Leben nicht wussten, wie es *wirklich* und *einfach* ist!
Sie lebten in einem »falschen Märchenlande« – –.
Denn das »echte Märchenland« ist die Romantik des *Kartoffelfeldes* in einer *wirklichen* Mondnacht! Solange die menschlich-kindischen Herzen noch nicht reif sind für die ernste »Romantik der Natur selbst«, schaffen sie sich »kindische Spielereien«! Aber diese »Verirrten« waren wenigstens »*Wege-Sucher*«, die sich nur kindisch *verirrten*! Das wollen wir ihnen also zugute halten!

*

Frau E … R …

Schaffst du denn Symphonien, weibliches Beethoven-Antlitz?!?
Du bist ein *Weib*, kannst dich nicht *austönen*!
Nicht dich *erlösen*!
Ein *Spiegelbild der Welt* kannst du nicht sein!
Zur *Tagestat* zu *groß*, zur *ewigen* zu *klein*!
So *bleibst* du Weib und kannst's dennoch nicht sein!!
Helle Wolken und schwarze Bäume!

Für Kinder zum Schrecken, Gespenster!
Für Dichter zum Weinen!
Und der gewöhnliche Mensch geht dran gelassen vorüber, sagt: »Das wäre etwas für Kinder zum Schrecken,
und für Dichter zum Weinen!«

*

Weg im Winter

Geliebter verträumter verschneiter Weg! Ging ich hier
mit Anita?!? Oder träumte ich nur, dass ich hier mit ihr
gehen möchte?! Fußspuren im Schnee, ihr passt nicht
zu Anitas geliebten Schuhen – – –.
Hie und da rauschen Schneeklumpen zur Erde. Wie
wenn der Frühling es versuchte, den Winter bereits
abzuschütteln!
Zaun, wie machst du die Landschaft melancholisch!
Im Grenzenlosen etwas Abgegrenztes!
Hier ist Friede – – –. Hier weine ich mich aus über
alles. Hier löst sich mein unermessliches unfassbares
Leid, das meine Seele verbrennt. Siehe, hier sind keine
Menschen, keine Ansiedlungen. Hier tropft Schnee
leise in Wasserlachen – – –.
Hier suchte sie die ersten Blüten und fand nichts.
Und ich sagte zu ihr: »Diese gelbgrünen feuchten
Rasenflecke, die der zerrinnende Schnee bloßlegt,
sind schöner als Blumen – – –.« Da sah sie hin und
erkannte!
Hier bleibe stehen mit deiner geliebtesten Freundin
und belausche ihr Antlitz – – –! Fühlt sie *dasselbe* wie

du, dann kannst du *beruhigt* mit ihr weiterschreiten, in die *Gelände des Lebens*!

Ich suchte eine Frau, die den Schnee *wirklich* liebte; und ich fand keine! Sie *benützten* nur den Schnee für ihre Skier! –

*

Junge Ochsen auf der Weide. Einst im Sonnenbrande, ziehend am allzu schweren Gespanne, könnt ihr euch nicht mehr der kühlen Weide erinnern. Aber in eurem *traurig-dummen* Auge spiegelt sich alles, und kein Gram geht verloren in der gramvollen Welt – – –.

*

Margueriten im hohen Grase. Alles blüht und atmet Frieden! Auf dem Boden leben aber und sterben lautlos hunderttausend Insekten. Nur der Mensch erhebt seine Stimme und beklagt sein Schicksal. Kann er es ändern?! Ja. Er kann wenigstens weinen und schreien. Und falls er es nicht kann, tun es *für ihn* liebevoll die *Dichter*!

Portrait d'une jeune femme

»Je suis venue pour *donner* – – – prenez, prenez, *prenez*!! «

Cléo de Mérode

Unzerstörbares Antlitz; Zeit und Erlebnis versuchen es vergebens, in deinem edlen Erz sich einzugraben —!

DER NEBENMENSCH

Der Nebenmensch ist ein Gegenmensch. Er will nicht helfen, sondern schädigen. Wäre er selbst ein Zufriedener, wünschte er nur Zufriedenheit zu verbreiten; als Unzufriedener wünscht er uns ebenfalls nur Friedlosigkeit!

BRANGÄNE

Ich kenne eine Sache im Leben, die mich am tiefsten ergreift von allen, die ich erlebt habe. Es ist in der Stille des nächtlichen Liebesgartens der Gesang der edlen Wächterin Brangäne. Es ist die tönend gewordene Selbstlosigkeit, inmitten der nächtlichen Liebesgefahren. Es ist die Warnung an die Allzuirdischen, die in der Melodie des Herzens zugleich eigentlich von selbst ertönt; es ist die Klage der tiefsten, echtesten Freundschaft, hineingesungen in den dunklen Garten. In jedem Menschen sind solche Gefühle aufgespeichert, besonders in den alten Kinderfrauen, die man entlässt von ihren Lieblingen, wenn man sie nicht mehr braucht. Aber sie weinen sich im stillen aus, alle diese Herzvollen, während bei Brangäne das Leid und die edle Sorge um einen geliebten Menschen helltönend wird, und in die dunkle, harte, grausame Welt hinausstöhnt! Auch unsre alte Bedienerin Luise sang uns ein unvergessliches Lied, als sie beim Abschiede mir und meinem Bruder schrieb:

»Die sieben Jahre in Ihren Diensten, meine Herren, waren das Glück und der Segen meines ganzen Lebens – – –.« Alle diese versteckten, edel-tragischen Dinge der dienenden Menschenherzen ertönen in Brangänens Gesang. Alle in der Menschheit bisher leider vergeblich aufgestapelten Selbstlosigkeiten und Ergebenheiten werden da zu singender Klage; aber die Menschen der leidenschaftlich irrigen Stunden vernehmen nichts davon als ihre eigenen, zum Abgrund führenden Sündhaftigkeiten, deren Brausen alles übertönt – – –.

INSCHRIFT

auf der Photographie eines Mädchens aus gutem Bürgerhause:
Adelige schmale Hände hast du, adelige Füße und Zehen, müde edle Anmut ist in deinem Gehen und Sitzen und Kauern, und deines biegsamen Leibes eidechsenschlanke Linien sind wunderbar, Yolanthe Maria!
Aber zum Zugrundegehen, zum langsamen, armseligen, bist du bestimmt! Zum Verfaulen bei lebendigem Leibe!
Denn *sicher* willst du gehen, *Unsichere!*
Auf geebnetem Pfade willst du Gipfel erklimmen?!?
Schamlose, Feige! Willst du Lord Byrons edlen Feueratem spüren, *musst du bereit sein, eventuell dich zu versengen!*

Willst du *finden* können, so musst du *suchen* können,
gleiten und *stürzen* können!

 Auf geebnetem Pfade kommt nur Herr Kohn daher,
reicht dir die Hand, dass du nicht »*fallest*«!

EIFERSUCHT

Sie war sehr, sehr krank. – Der Arzt verordnete einen
halben Liter heiße Zitronenlimonade, ein wollenes
Tuch um den Kopf und stundenlang schwitzen.

Sie war aber arm, und die Quartiersfrau, bei der sie
wohnte, konnte ihr nur eine dünne Bettdecke geben.
Da sandte ihr der Dichter seine grün-rote Flanelldecke, die er selbst benötigte, und sein Freund, der Baron,
sandte eine Pelzdecke aus selbstgeschossenen Wild-
katzenfellen, die er gar nicht gebrauchte.

Als nun der Dichter sie besuchte, fand er die Pelzdecke direkt auf ihrem heißen, glühenden Leibe
liegen, die Flanelldecke dagegen zuoberst. Er sagte es
ihr sogleich ziemlich brutal, dass er dieses für einen
»Treubruch« halte, wenn auch in den ersten Anfangs-
stadien.

Sie erwiderte: »Ich wollte deine Decke streicheln können, immer und immer mit meinen zärtlichen Fin-
gern. Deshalb gab ich sie zuoberst.«

»Du Falsche! – «, sagte der Dichter und ging zürnend
weg.

Später kam der Arzt und sagte: »Ich würde Ihnen vor-
schlagen, Fräulein, die schwere Pelzdecke zuunterst zu

legen, und die leichtere Flanelldecke oben darauf; es ist zweckmäßiger! «

»Nein«, sagte sie, »das tue ich nicht«. Als sie endlich gesund war, sagte der Arzt von ihr: »Die Hysterie solcher Patientinnen erschwert den Heilungsprozess ganz besonders. Selbst in nichtigen Kleinigkeiten müssen sie ihren lächerlichen eigensinnigen Willen durchsetzen. – «

IM STADTPARK

Als Kinder saßen wir Abend für Abend mit unsern geliebten Eltern im Stadtpark, im Kursalon. Wir bekamen Eis und Hohlhippen und hatten keinerlei Sorgen. Der Vater geht nun seit Jahren nicht aus seinem bequemen Zimmer mehr heraus, und die Mutter nicht aus dem bequemen Totenschrein. Ich, glatzköpfig und sorgenvoll, komme nun in den Stadtpark, Kursalon, auf die Terrasse, an denselben Tisch, an welchem wir einst sorgenlos mit den geliebten Eltern saßen. Ich bestelle dasselbe Eis, Himbeer-Schokolade, wie als Kind, mit recht vielen und knisternden, also frischen Hohlhippen. Vor mir die Gartenbeete wie einst, ein bisschen bunter, origineller. Ich sehe Eltern mit ihren Kindern. Sie zanken und schelten. Unsre Eltern zankten und schalten nie, nie. Vielleicht war es schlecht, dass sie es nie taten, aber sie hatten Achtung vor ihren eigenen Erzeugnissen, und Zuversicht! Wir haben sie enttäuscht; aber sie haben es hingenommen als Schicksal und Verhängnis. Wir haben ihre Tränen, die sie um uns weinten, nie gespürt – – –. Die Garten- beete, auf die ich herabblicke, sind ein wenig bunter, origineller. Aber sonst hat sich nichts verändert, in den Zeiten vom dummen Kind zum müden Mann! Ich sehe Eltern, die ihre Kinder im Park schelten; unsre Eltern schalten uns nie; sie erhofften es, dass wir sie einst belohnen würden für ihre Güte; aber wir taten es nicht. Wir hatten eine schöne Kinderzeit; so tauchen wir denn hinab in Erinnerungen, da wir vom seienden Tage nicht leben können. Wir hatten allzu sanftmütige, hoffnungsfreudige, schicksalergebene Eltern. Es war ein Fluch und ein Segen! Man kann nun an Zeiten zurückdenken, die paradiesisch waren – –. Nicht jeder, der vor sich das Dunkel sieht, kann liebevollen Her- zens der lichten Zeiten dankbar sich erinnern – – –.

MEMOIREN

Ich lese die Geschichte vom Grafen von Lavalette, und sie interessiert mich gar nicht. Er war ein Getreuester Napoleons des Ersten.

Aber ich habe bisher es nicht eingesehen, wodurch die- ser »geniale Feuergeist«, dieses »Ungetüm an Lebens- energien«, der Gesamtmenschheit irgendwie geholfen habe!?! Die Geschichte seiner »Getreuen« interessiert mich daher umso weniger. Aber als Lavalette, dieser »Tatendurstige« (ein schreckliches Wort für den Le- benskundigen), eingesperrt und hingerichtet werden sollte, gab ihm seine Frau ihre Kleider, und er entfloh. Sie selbst wurde im Kerker derart misshandelt, dass sie irrsinnig wurde.

Da begann ich mich für die Gräfin von Lavalette zu interessieren, die in den Memoiren gar nicht erwähnt ist. Ehre ihrer Seele!

EINE GANZ WAHRHAFTIGE BEZIEHUNG

Sie saß an einem riesigen Parterrefenster, das fast den Boden der staubigen grauen elenden Dorfstraße berührte, und nähte an einer schönen blinkenden Nähmaschine Blusen, von morgens bis abends. Ihre Augen hatten einen Ausdruck von Verzweiflung. Aber sie selbst wusste nichts davon. Sie nähte, nähte und nähte. Sie war ganz mager, ungeeignet für den Sturm des Daseins, der Seelen und Körper schüttelt und fegt. Abends aß sie das kalte Gemüse vom Mittagstisch. Das sah ich alles durch das riesige Parterrefenster hindurch, und sie sah, dass ich alles sah.

Eines Abends stand sie vor dem Haustor so angelehnt. Da sagte sie: »Ich habe eine Stellung angenommen in Mariahilf in einer Blusenfabrik, ich werde nicht mehr privat arbeiten müssen in diesem einsamen Zimmer.«

Da dachte ich: »Dorfstraße, Dorfstraße, du hast deinen Glanz, du hast deinen Reichtum eingebüßt!«

»Man muss sich seine Lage verbessern, nicht wahr!?«, sagte sie, »ich habe Sie übrigens immer an meinem

Fenster vorübergehen sehen, dreimal des Tages. Dreimal des Tages sind Sie freilich vorübergegangen. Aber in Mariahilf werden vierzig Mädchen sein, und man wird plaudern können, und arbeiten wie in einem Ameisenhaufen – – –.«

»Sie, Fräulein, ich werde auch dreimal noch täglich an Ihrem Fenster vorübergehen, wenn Sie nicht mehr dasitzen – – –.«

»Ja, werden Sie das?!? Da werde ich also doch auch zugleich zu Hause sein wie früher in meiner Heimat – – –.«

»Lassen Sie vielleicht Ihre blinkende kleine Nähmaschine am Fenster stehen, und dabei eine Ihrer angefangenen Blusen – – –.«

»Ja, bitte, das werde ich – – –.«

Das war die einzige wahrhaftige Beziehung mit einer Frauenseele während meines ganzen ereignisreichen Lebens – – –.

Dorfstraße, graue staubige Dorfstraße, du hast nun deinen Glanz, du hast deinen Reichtum eingebüßt –.

Sie, sie geht nun in die Arbeit, in die Welt – – –!

Ansprüche einer Romantikerin

Wenn dir, du angeblich Liebender, jeder Atemhauch meines Mundes ebenso berauschend wäre wie meinem Peter,

wenn dich mein Gehen, Stehen, Sitzen, und jede Linie meines Leibes ebenso entzücken könnte,

wenn der dunkle Klang meiner Stimme, wie Peter sagt,
aus dem Gaumen-Resonanzboden,
dir ebenso lieblich tönen könnte,
und ebenso berauschend das Rauschen meiner seidenen Unterkleider wie ihm,
wenn du in das Waschwasser meines Lavoirs, in dem
ich badete, ebenso liebevoll deinen Kopf untertauchen
könntest wie er,
gleichsam um zu ertrinken in heiliger Flut;
wenn du mich ebenso nähmest als überirdisches
Wesen, das ich natürlich nicht bin und nicht sein kann,
bei Tag und Nacht,
wenn du also gleich ihm aus meinen Armseligkeiten
eine verklärte Dichtung machen könntest, die dich
beglückte und Leben spendete wie Tau und Sonne den
zarten Pflanzen – – –
wer weiß, ob ich mich dann nicht verführen ließe, dir
zu dienen gleich ihm – – –.
Aber du kannst, du wirst es nicht zusammenbringen!
Es sind Mysterien, aufbewahrt von Gott den wirklich
liebevollen Herzen!!!
Das zu erkennen, ist unser einziger, unser bester
Schutz!
Es gibt nur immer einen, dem wir ein Verhängnis
werden! Den anderen sind wir Zitronen, die man auspresst, und deren Schale man in die Latrine wirft!

NACHTCAFÉ

Was ist ein Nachtcafé?! Etwas Unverlogenes. Die Mädchen wollen leben und nicht Frondienste leisten, nicht Schaffel reiben und Nachttöpfe fremder Menschen reinigen, solange sie noch entzückende Leiber haben. Sie wollen sich anderseits betrinken, um zu vergessen, dass das alles nicht so weiter geht, in infinitum. Sie stehen vor stündlichen Gefahren, müssen sich berauschen an irgendetwas, um sich Mut zu machen für die Schlacht des Lebens! Niemand behandelt sie nach ihres jungen Herzens Wunsche! Infolgedessen rächen sie sich, wie sie es können, bald so, bald anders! Heimtückische, feige Marodeure sind nur die Männer! Eine, der ich in Briefen meine tiefste Sympathie, mein gerechtestes Verständnis bewiesen hatte, sagte dennoch: »Du musst mir die zwanzig Kronen im Vorhinein bezahlen – – –! Wir haben es leider gelernt, selbst romantisch veranlagten Dichtern nicht mehr zu trauen – – –!«

Die Damenkapelle ist eine Oase. Sie sind verheiratet, Bräute, oder sonst treu irgendjemandem. Sie haben ein konsolidierteres Schicksal. Sie haben irgendetwas gelernt, wodurch man sich weiterbringt. Sie haben sich der Lebensordnung eingefügt. Ob sie glücklicher sind, nicht andern Enttäuschungen, Gefahren ausgeliefert?!? Zwei Welten, hart aneinander, einander gleich in ihren schweren Kämpfen. Keine Damenkapelle ohne diese Hetären, keine Hetären ohne diese Damenkapelle! Nur die Männer sind das perfide Element. Sie möchten alle zusammen unglücklich machen, ihre ewig hungrigen Eitelkeiten mästen mit den unglückseligen Blicken verliebter Frauen! Damenkapelle oder Hetäre gilt ihnen gleich, ihre innere rohe Leere mit einem liebevollen dummen Frauenherzen auszufüllen – – –! Nachtcafé, du kleine miserable Welt, du Abbild der großen, noch viel miserableren!

DIE NERVEN

Ich hatte einen Freund, einen höchst intelligenten Menschen. Aber seine Nerven, oh, die waren gar nicht intelligent …

Eines Abends im Café sagte er zu mir: »Du, Peter, du könntest mir einen riesigen Freundschaftsdienst erweisen! Ich fühle mich heute wieder so greisenhaft, so ausgelöscht … Bitte sage mir nach fünf Minuten, dass ich heute besonders frisch und jugendlich aussehe …«

Ich nahm die Uhr, legte sie auf den Tisch, und sagte nach fünf Minuten: »Du, sage mir, was ist heute los mit dir? So jugendlich frisch hast du wirklich schon lange nicht ausgesehen …!«

Er wurde ganz rot vor Freude, ganz begeistert, und erwiderte: »Wirklich? Das freut mich! Solche angenehme Sachen sagt einem halt niemand auf der Welt als du!«

DAS DORF

Ich hatte eine unglückliche Liebe zu einer Dreizehn-
jährigen, deren Blick allein aus den hechtgrauen
Augen mit den schwarzen Wimpern allen Blicken
gleichkam der Heiligen in den Kirchen. Sie hatte keine rechte Freude am Leben, als ob sie die Wirrnisse
des irdischen Jammertales vorausahnte, die eigentlich
allen so schwermütig Blickenden in Aussicht stehen.
– Ich machte ihre Tragödien mit, die noch nicht vorhanden waren, und vor dem Leben beschützen konnte
ich sie dennoch nicht. Sie war die Tochter eines Schuh-
machers in dem kleinen, armseligen, felderumrankten
Orte J.. Er hatte 11 Kinder. Die, die schon verdienten,
verdienten. Aber die Kleinen mussten von meiner Drei-
zehnjährigen betreut werden. Wie liebevoll wurden sie
betreut! Darüber kann man gar nichts schreiben. Sie
musste die 15 Enten hüten, die Schweine füttern, und
die kleinen Kinder brauchten dies und jenes. Ich liebte
Anna, aber selten kam sie in meine Nähe, und auch
dann glitt mein Blick von freundschaftlichster Zärtlichkeit an ihren Augen ab, wie Öl über Wasser.
Eines Abends saß ich allein auf der Bank, in der alten verstaubten Lindenallee und wartete auf Anna
vergebens. Da kam ihre siebenjährige Schwester Josefa, die für mich immer und immer einen Blick von
tiefer Menschenfreundlichkeit hatte, aus ihren zwei
verschieden blickenden Nachtfalteraugen, so reell-

gutmütig, so leichtverständlich, so wie das ABC des Menschenherzens – – –. Sie hatte mich lieb!

Ich führte sie in die nahe gelegene Meierei, ließ ihr Schlagsahne geben und Biskuits. Immer lächelte sie mich an, wie von edler Liebenswürdigkeit getrieben. Da küsste ich sie auf Stirne, Haare, Augen. Sie rührte sich nicht, empfand es als Pflicht der Dankbarkeit, sich küssen zu lassen – – –.

Da vergaß ich meiner Leiden um Anna, die mein gequältes Herz stets ruhig aus ihren geliebten hechtgrauen schwarzbewimperten Augen betrachtet hatte. Da sagte Josefa: »Schenken S' mir noch zwei Biskuits, ich trag' sie nach Haus für die Annerl. Sie darf net kommen mit Ihnen, weil sie schon zu groß ist. Was kann sie dafür, dass sie schon zu groß ist?!?« Da gab ich ihr 20 Biskuits mit für ihre Schwester, die wirklich nichts dafür konnte, dass sie dem Blicke eines unermesslich liebevollen Menschenherzens mit misstrauischer Gleichgültigkeit bereits begegnen musste, wie im Vorhinein gepanzert gegen die hinterlistige Männerwelt – – –!

Semmering 1912

Psychologie

Mich interessiert an einer Frau *meine* Beziehung zu ihr, nicht *ihre* Beziehung zu mir!

*

Dass *ich* ihr eine exzeptionelle Achatbrosche schenken darf, macht mich glücklich, nicht dass *sie* sie gerührt annimmt!

*

Ich küsse ihre Haarlocke in meinem Zimmer anbetend, aber ihre braunroten Haarsträhnen mögen im Winde flattern *für alle Welt*!

*

Sie hat Migräne, und *ich* renne nachts in die Apotheke. *Für mich* hat sie Kopfweh, da *ich* besorgt bin, es ihr zu lindern!

*

Wenn sie »Wintersport« treibt, zittere *ich* um ihre zarten geliebten Gazellenglieder! *Für mich allein* betreibt sie daher »Wintersport«!

*

Ein Hut, der ihr *schlecht steht*, macht *mich* unglücklich, ein Hut, der ihr *zu fesch-kokett* steht, macht mich ebenfalls unglücklich! *Für mich allein* also trägt sie alle, alle ihre Hüte!

*

Die Speise, die ihr nicht schmeckt, macht *mich* unglücklich, die Speise, die ihr schmeckt, macht *mich* glücklich. *Für mich, für mich* allein daher isst sie!

*

Der Blick, mit dem sie einen anderen liebenswürdig anschaut, macht *mich, mich allein* unglücklich! Daher gehört dieser Blick *mir, mir*, und nicht ihm, dem eitlen Laffen!

*

Mir, mir allein gehört alles, was von ihr kommt, Böses und Gutes, denn *ich, ich* allein empfinde es!

DAS GLÜCK

Ich erwartete das Glück vergeblich Jahre und Jahre lang. Endlich kam es und setzte sich zutraulich an mein Bett. Es hatte gelbbraunen Teint wie die Javanerinnen, schmale, lange Hände und Finger, Gazellenbeine und bewegliche lange Zehen. Ich sagte: »Oh, bist du wirklich, wirklich endlich das Glück, das lang ersehnte, tief entbehrte?!?« – »Ich werde es dir morgen schreiben, ob ich es wirklich bin oder nicht. Du wirst selbst urteilen – – –.«
Am nächsten Morgen fand ich einen Zettel, auf dem geschrieben stand: »Adieu, auf Nimmerwiedersehen – – –.« Ja, es war also wirklich und wahrhaftig »das Glück« gewesen!

Sanatorium für Nervenkranke

(aber *nicht* die, in denen ich mich befand!)

Morgenvisite

Der Doktor sitzt, wie ein Staatsanwalt ernst blickend und forschend, an einem riesigen Schreibtische.

Der Delinquent (Patient) tritt ein.

»Bitte, nehmen Sie Platz – – –.«

Pause, in der der Staatsanwalt (Arzt) den Verbrecher mustert, ob Paralyse oder Simulation vorhanden sei – – –.

» Also, mein lieber Peter Altenberg, ich kenne Sie nämlich schon seit Langem aus Ihren interessanten Büchern und erlaube mir daher den konventionellen Titel ›Herr‹ bei einem berühmten Manne wie Sie wegzulassen. Ihre Verehrerinnen apropos sollen Sie ja direkt mit ›P. A.‹ titulieren!? Diese *Ehrenabkürzung* wage ich bisher noch nicht – – –.

Aber zur Sache! Also, mein lieber Peter Altenberg, was werden wir denn zum Frühstück nehmen?!?«

» *Wir*?! Das weiß ich nicht. Aber ich selbst nehme Kaffee, hellen Milchkaffee – – –.«

»Kaffee?! So?! Also Kaffee, hellen Milchkaffee –?!? Also schön, Kaffee – – –! «

»Ja, bitte, es ist mein gewöhnliches Getränk, an das ich seit dreißig Jahren gewöhnt bin – – –.«

»Ganz gut. Aber Sie sind eigentlich hier, um sich von Ihrer bisherigen Lebensweise, die Ihnen anscheinend bisher nicht besonders genützt hat, *zu entwöhnen*, vielmehr *die nötige Energie* zu akquirieren, solche *Veränderungen* Ihrer gewohnten, ja vielleicht *allzu gewohnten* Lebensweise allmählich wenigstens vorzunehmen!?! Nun, bleiben wir also vorläufig beim Milchkaffee. Aber weshalb diese dezidierte Aversion gegen Tee?! Man kann auch Tee mit Milch verdünnt trinken – – –?! «

»Ja, aber ich pflege Milchkaffee zu trinken – – –.«

»Haben Sie, Herr Altenberg, einen bestimmten Grund, den Genuss von Tee des Morgens für Ihre Nerven für unzukömmlich zu halten?!?«

»Ja; weil er mir nicht schmeckt – – –.«

» Aha, das wollte ich eben nur wissen. Also, mein lieber Herr, was nehmen Sie denn zu Ihrem so geliebten und *anscheinend unentbehrlichen* Milchkaffee dazu?!?«

»Dazu?! Nichts! «

»Nun, irgendetwas *Konsistentes* müssen Sie doch dazu nehmen! Ein leerer Kaffee schmeckt einem ja gar nicht – – –.«

»Nein, ich nehme nichts dazu; mir schmeckt nur ein *leerer* Milchkaffee – – –.«

»Nun, mein sehr geehrter Herr, bei uns geht das eben nicht. Sie werden mir freundlichst die *Konzession* machen müssen von zwei Buttersemmeln – – –.«

»Ich hasse Butter, ich hasse Semmeln, aber noch mehr hasse ich Buttersemmeln! «

»Nun, diesen Hass werden wir schon noch *besiegen*! Ich habe schon *schwierigere Kunststücke* fertiggebracht, mein Lieber – – –. So, und jetzt begeben Sie sich stillvergnügt zu Ihrem Frühstück in die Veranda. Noch eins: Pflegen Sie nach dem Frühstück auszuruhen?!?«

»Je nachdem – – –.«

»Je nachdem gibt es nicht. Entweder Sie ruhen oder Sie machen Bewegung – – –.«

»Also dann werde ich ruhen – – –.«

»Nein, dann werden Sie eine halbe Stunde lang gehen – – –!«

Der Delinquent verlässt wankend das Amtszimmer und begibt sich zum *Strafantritte* auf die Veranda zum Frühstücke, verschärft durch zwei Buttersemmeln.

Einige Tage später. Der Staatsanwalt: »Nun, sehen Sie, mein lieber berühmter Dichter, Ihr Gesichtsausdruck ist schon ein viel freierer, ich möchte sagen, ein menschlicherer, nicht so präokkupiert von fixen Ideen – – –. Haben Ihnen die zwei Buttersemmeln geschadet?! Na also!«

Nein, sie hatten ihm nicht geschadet, denn er hatte sie täglich im Hühnerhofe verteilt – – –.

Nachmittagsvisite

»Herr Peter Altenberg möchten sogleich zum Herrn Direktor kommen – – –.«

»Setzen Sie sich, bitte.

Ich habe Ihnen den Alkoholgenuss strengstens untersagt – – –.«

»Jawohl, Herr Direktor – – –.«

»Kennen Sie diese ganze Batterie von leeren Slibowitz-Flaschen?!?«

»Jawohl, es sind die meinen – – –.«

»Man hat sie heute unter Ihrem Bette aufgefunden – – –.«

»Ja, wo sollte man sie denn sonst auffinden?! Ich habe sie ja dort deponiert – – –.«

»Wie haben Sie sich das Gift in meiner Anstalt verschafft?!«

»Ich bestach jemanden. Sein ehrliches Gewissen ließ es bei zwei Kronen nicht zu. Da offerierte ich ihm drei Kronen.«

»Sie sind also unschuldig an der ganzen Sache, sondern der ungetreue Diener ist der Schuldige! Ich werde ihn zur Rechenschaft ziehen, obzwar er bereits fünfundzwanzig Jahre im Hause ist und sich, *soweit ich es übersehen konnte*, stets einer tadellosen Konduite erfreut hat – – –.«

»Herr Direktor, Sie haben mir doch noch gestern gesagt, dass ich in Ihrer Anstalt und durch das regelmäßige solide Leben hier mich um zwanzig Jahre direkt verjüngt hätte und fast gar nicht mehr wiederzuerkennen sei?!?«

»Das sagte ich *aus pädagogischen Gründen*, um Ihr Selbstbewusstsein zu stärken –.«

»Herr Direktor, darf ich mir die leeren Slibowitz-Flaschen bei Ihnen später abholen lassen?!? Ich bekomme nämlich für jede sechs Heller retour – –.«

Direktor zu dem unredlichen Angestellten: »Sie Anton, wie konnten Sie sich unterstehen, nach fünfundzwanzig tadellosen Dienstjahren, einem Patienten, und sei es auch ein berühmter Dichter mit Eigenheiten, solche Mengen Branntwein gegen Bestechung zu verschaffen?!?«

»Aber Herr Direktor, wenn ich das nicht schon seit Jahren bei hundert Alkoholikern getan hätte, wäre uns ja ein jeder schon am dritten Tag davongegangen, und wir hätten unsere Anstalt leer stehen gehabt! «

»Nun gut, Anton, aber sorgen Sie wenigstens dafür von nun an, dass die leeren Flaschen nicht gefunden werden – – –.«

»Herr Direktor, das hat mir der Diener Franz angetan, aus Rache, weil ich mir soviel nebenbei verdiene – – –.«

Direktor zum Diener Franz: »Sie, Franz, kümmern Sie sich um Ihre eigenen Angelegenheiten! Sie verdienen genug, indem Sie unsere Alkoholiker mit unseren Hysterikerinnen ein wenig ›anbandeln‹ lassen – – –. Ein jeder hat sein Ressort. In einer Anstalt muss Ordnung herrschen! «

LANDPARTIE

Ich bin »radikal« geworden. Ich mache mit einer mir sympathischen Dame eine Eisenbahnfahrt von 25 Minuten nach M. Wenn sie nicht am Fenster lehnt und in die Landschaft hinausstarrt, bin ich bereits enttäuscht, nicht mehr ganz »à mon aise«. Sie erwartet also »anregende Konversation«, pfui! Wenn sie sagt: »Es zieht, machen Sie, bitte, das Visavis-Fenster zu«, bin ich mit ihr fertig. Rheumatismus zieht nicht bei mir, das ist schlechtrassig, so 1870, zur Krachzeit. Wenn ich ihr in M. das herzige, brausende, dunkle Flüsschen zeige, muss sie entzückt sein, ja sie muss, sie muss, sie muss! Wenn ich ihr den Frieden der langen Dorfstraße zeige, muss sie selbst »friedevoll« werden! Wenn ich ihr das niedere, schneeweiße Haus zeige mit den schwarzen Eisengittern und den vergoldeten Schleifen und sage: »Hier hatten die Generäle Napoleons des Ersten Quartier!«, so muss es ihr wie heiliger Schauer über ihren rosigen Rücken laufen! Billiger gebe ich es nicht. Es sind schlechte Zeiten angebrochen für wirklich zarte Seelen, und daher muss man prüfen, ehe man ewig Landpartien macht! Wenn sie in dem kleinen, traulichen Dorf-Kaffeehaus ihren Tee selbst bezahlt, ist es gut. Wenn nicht, ist es bedenklich. Wenn sie den Sonnenuntergang nicht beachtet, sondern lieber von einem erzählt, der sie einst sehr, sehr geliebt hat, ist es vollkommen verfehlt. Auch der Rauch der Lokomotiven sogar hat sie zu interessieren. Wenn sie sagt: »Ich möchte nicht gar zu spät nach Hause kommen«, so ist es falsch. Mit mir kommt man immer *zu früh* und *nie* zu spät nach Hause. Auf der Rückfahrt hat sie eine andere zu sein wie auf der Hinfahrt! Wie sie das macht, ist *ihre* Sache! In dem »langen Tunnel« hat *nichts* zu geschehen! Aber sie hat es innerlich zu bedauern, *dass* es so war! Ich bin »radikal« geworden. Eine Fahrt von 25 Minuten; Aufenthalt; retour - und ich weiß alles!

Vom Rendezvous

Sie ging den steilen Wiesenpfad hinab, zum Rendezvous.
Ich sah braune Stauden ihre Röcke streifen. Ich sah ihr nach.
Bald kam Himbeergebüsch, das sie begrub.
Um ¼ 1 sollte ich sie erwarten.
Sie kam zurück, von Küssen ganz bedeckt.
Wie wenn die rechte Hand geheiligt wäre, reichte sie mir die linke,
die ich an die Lippen hielt,
solang bis Wehmut kam und übertropfte – – –.

Frage

Was ist ein Dichter?!
Einer, der *schon* weinen kann,
wenn *noch* die andern trockenen Herzens sind –.
Einer, der die sechsjährige Prinzessin Sonja Dungyersky

so zärtlich lieb hat wie die eigene Großmama sie lieb
hat!

Einer, der abends im Gebirge den eingefangenen Ole-
anderschwärmer

auf das einzige Oleanderbäumchen setzt im Garten,
das ihn aus ferner Ebene hierher verlockt hat!

Einer, der die braune Nacktschnecke behutsam
vom Waldweg ins Gebüsch trägt – – –.

Einer, der Rosen schenkt und sie bezahlt mit seinem
Nachtmahlgelde – – –.

Einer, der die geliebte Hand berührt und dabei Hoch-
zeitsnächte spürt von Seligkeiten!

Einer, der leidet, leidet – – –

und alle sagen: »Was fehlt ihm denn zu seinem Glücke?!«

Einer, der die Schale kauft, aus der *sie* Kakao getrunken
hat.

Einer, der ein »innerer .Bombenwerfer« ist,

und dabei doch so sanft, so mild *verständnisvoll* für
alles!

Einer, den alle *verlachen*,

und um den sie trauern, wenn er *nicht mehr* ist!

DIE NIERE

Zu den wahrhaftigsten und mich aufrichtig rühren-
den Opfern, die ein Mann einem geliebten Weibe
bringt, rechne ich es immer, wenn er beim Nierenbra-
ten die Niere *ihr* überlässt, vorausgesetzt natürlich,
dass er sie selbst gern isst. Aber wer äße die Niere
nicht gern?! Diese Niere ist überhaupt so ein sicherer
Thermometer in Liebessachen. Zum Beispiel: »Otto,
weshalb isst du denn die Niere nicht?!« – »Ich esse
sie, und noch dazu am liebsten, deshalb lasse ich sie
mir für zuletzt!« – »Ach so«, erwidert Hermine enttäuscht. Oder: »Max, du isst ja die Niere doch nicht!«,
und hat sie schon in ihr Mündchen gesteckt, während
Max nichts im Halse stecken bleibt als das Wörtchen:
»O doch!« Oder: »A schöne Lieb', frisst die Niere selber auf, da schau' der an da!« Diejenigen Herren jedoch, die »das Opfer der Niere« bringen, tun es auch
meist ziemlich *geschmacklos*, indem sie innerlich sich
anstellen, als hätten sie jetzt Anspruch auf Dankbarkeit und Treue ihr ganzes Leben lang! Nein, dem ist
nicht so. Die Damen nehmen gern die Leckerbissen
an, die man ihnen spendet, aber sie haben die richtige Idee, dass solche Selbstlosigkeiten sich durch das
Gefühl eines höheren Wertes, das man von sich selbst
bekommt, reichlich belohnen! Wozu also die Sache
überzahlen?!

ENTZWEIT

Oft sagte ich ihr, was mir an ihr nicht recht war – – –
Ganz verzweifelt starrte sie mich mit bösem Blicke an.
Ein Abgrund öffnete sich, meine Liebe und ihre
Freundschaft aufzunehmen.
Dunkel ward's und kalt.
Hilflos ist die Frau in solchen Augenblicken, glaubt
stets sich etwas zu vergeben, falls sie milde wird, ergeben,
fällt der bangen Stunde hilflos stumm anheim.
Ich sagte: »Hörst du die Holzfäller, den Schwarzspecht,
riechst du der feuchten Wurzelstämme braunen Mo-
der, siehst du die Bläue des letzten Enzians, fühlst du
meinen Schmerz?«
Sie sagte: »Mit solchen Reden wollen Sie mich versöh-
nen?!«
»Mit solchen Reden nicht, doch überhaupt. Und irgendetwas muss gesprochen werden, sei's dies, sei's
jenes. Vielleicht findet sich ein Wort – – –. Es *muss* ein
Wort einfach *gefunden* werden, das sich wie eine Not-
brücke von meiner Seele zu der deinen spannt!«
Und sie: »Siehst du, du bereust – – –«.
»Ja, ich *bereue*, dass *meine Liebe* größer als meine
Sehnsucht, dich zu *bessern*, ist!«

PLAUDEREI

Ausspruch eines fünfjährigen Mäderls:

»Wenn man alleweil brav ist, wissen die Leute dann gar nicht mehr, ob man noch auf der Welt ist!«
Die Eltern tragen mir ununterbrochen Anekdoten über ihre vergötterten Kindchen zu. Sie sind tief überzeugt davon, dass es gerade mich interessiere! Ich interessiere mich auch wirklich *dafür*, dass sie alle *so tief überzeugt davon sind*, dass ich mich dafür *interessiere*! Denn diesen schönen Schein zu erwecken, heißt eben ein Dichter sein! Und als das möchte man doch gerne gelten, wenn man schon weder Beruf noch Geld hat, nicht?!?
»Mein Knabe sagte mir gestern«, »mein Mäderl sagte mir vorgestern«, höre ich alle Tage zehnmal. Ob eines dieser kleinen Mistviecherl einmal zu der reichen Mama den genialen Ausspruch täte: »Mama, wenn du mich wirklich lieb hast, dann gibst du diesem entzückenden alten kranken Dichter eine Monatsrente von fünfzig Kronen – – –!«

Ausspruch eines sechsjährigen Mäderls beim Abschied vom Semmering:

»Ach, wie werde ich *fürder* ohne meinen geliebten Pinkenkogel und Sonnwendstein existieren können?!«

Ich hätte gerne geantwortet: »Sehr gut wirst du *fürder* existieren können, indem ich dir *fürder* für jeden affektierten, verlogenen, manierierten Ausspruch deinen Hintern aushauen werde – – –! «

ERKENNTNIS

Alle Frauen rächen sich am Manne für irgendeine Unzulänglichkeit, die sie besitzen! Hässliche Fingernägel machen sie bereits boshaft und gereizt. Von einem »unidealen Busen« gar nicht zu sprechen! Da begehren sie Tag und Nacht auf mit dem grausamen Schicksal, verzehren sich in Leid, und *lassen sich's nicht merken*! Deshalb muss eigentlich jeder Mann *milde* sein, *gerührt*, gestimmt zum *Verzeihen*! Wenn eine die Genialität hätte, es zu sagen: »Ich bin unglücklich *über mich selbst*!« Aber das wagen sie nicht, es sich selbst einzugestehen. Sie verlassen sich auf die Güte des Mannes, der sich »sekkieren, quälen, ungerecht behandeln« lässt! Sie haben aber recht, denn *seine* Liebe ist von Gott eingegeben, und *ihr* Schicksal ist irdisch und ein bisschen vom Teufel! Er hat die *göttliche Kraft*, zu *leiden*, mitbekommen, sie die *irdische Schwäche, glücklich* sein zu wollen!

Klara

13. Juli, vormittags. Sie ging, in weißem Kleide, langsam den Wiesenweg hinauf. Ich sah sie; und sah sie wieder nicht. Sie grüßte, und ein Gebüsch verdeckte sie. Dann sah ich sie wieder. Langsam sah ich ihr weißes Kleid und ihre blonden Haare dem Wald zuschweben. Ich stand gebannt und grüßte nicht. Sie wusste, wie mir zumut war. Sie grüßte noch einmal. Wie wenn man sagte: »Du bist der Erste, der gebannt steht und vergisst, zu grüßen – – –!«
Sie wusste dennoch nichts von ihrer heiligen, schrecklich-süßen Macht. Ich aber warf mich aufs Bett und weinte – – –. Dann kam sie zurück. Ich sah ihr weißes Kleid und ihre blonden Haare. Gebüsch verbarg sie, mochte sie entschwinden. Dann sah ich sie wieder. Ich verneigte mich. Sie ging vorüber; und wie eine Regenwolke kam es über die lichte Landschaft –.

Liebesgedicht

Ich wusste es, sie hatte mich betrogen – – –.
Betrogen? Nein. Sie hatte nur vergessen, es mir zu sagen, es mir mitzuteilen – – –.
Denn ich hätte es ihr gestattet; wie einem Kindchen Kugler-Gerbeaud-Bonbons, von denen man nicht wissen kann, wie zart sie schmecken – – –.

Das Stubenmädchen brachte mir ihren, meinen armseligen Ring, zehn Kronen, den sie auf Zimmer 109, im
Bett gefunden hatte.

Dann ging ich in die Bergwiesen, in den Wald, zu unserem heiligen Ruheplätzchen.

Hochgelbe Arnika wuchs, weißer Klee, braune Schup-
penwurz, lila Orchideen, ein Liebesteppich. Sie hatte
mich betrogen. Nein.

Dort, siehe, war es ein weißes Bett gewesen wie tausend Betten – – –. Ein weißes, weißes, nichtssagendes
Bett.

Hier aber war Bergwiesen-Liebesteppich, in Gottes
bunter Pracht! Hier blieb sie mir treu!

NOCH NICHT EINMAL SPLITTER
VON GEDANKEN

Als ich dem jungen Offizier mitteilte, ich hielte ihn
für den Typus des »Eroberers« und beneidete ihn um
sein Glück bei Frauen, erwiderte er: »Schau'n S' Peter,
schau'n S', Glück gibt's nicht! Die, bei denen man Glück
hat, da ist es doch kein Glück. Die hat man von selbst.
Dort erst wäre es erst ein Glück, wo man *kein* Glück
hat. Und *grad' da* hat man kein Glück! «

*

Nur mit dir, Geliebte, hat das Leben für mich noch einen Reiz. Aber *ohne dich* hat es noch mehr Reiz!

*

Es gibt kein laues Bad von 27 Grad und keine gute Kernseife, die nicht jede Sünde der Frau hinwegwüschen!

*

Eine Frau, der *ich* ihr *Alles* bin – – – pfui Teufel!

*

Es gibt zwei Sorten moderner Musiker – – – die *Ehrlichen*, das sind die, die den Richard Wagner *bestehlen*! Und die *Unehrlichen*, das sind die, die *originell* sind!

*

Millionäre trösten uns immer damit, man könne sich auch an Austern »überessen«. Aber in *diesen Zustand* eben einmal zu gelangen, ist ja das Glück!

*

Man ist häufig genötigt, in der guten Gesellschaft das Wort »entzückend« auszusprechen. Ich habe daher im Tonfall dabei bereits so viele Nuancen mir zurechtgelegt, dass eine Dame mir einmal, als ich etwas »entzückend« fand, sagte: »Sie grober unverschämter Kerl! So ekelhaft ist es ja doch nicht, wie Sie es finden! «

*

Sie bezahlte Champagner und *beleidigte* mich durch die Art, wie sie es tat!
Ich zahlte Champagner, und sie *versöhnte* mich durch die Art, wie sie es annahm!

*

Wenn ein Blumenmädchen in einem Vergnügungslokale an deinen Tisch tritt, dir für deine Dame eine Rose anzubieten, so muss die Dame *sofort* erklären, dass sie keine wünsche. Sonst macht sie sich *ebenfalls* einer Erpressung schuldig!

*

Wenn in einem Geschäfte eine Kundschaft nach einer Ware sich erkundigt, die nicht vorhanden ist, so haben die Verkäufer nicht *stolz-abweisend* zu erklären: »Nein, das führen wir nicht – – –! «, sondern *zerknirscht-reuevoll.*

*

3-jähriger Wahrheitsfanatiker, aus dem noch was werden kann:
»Wen hast du denn besonders lieb, Bubi?! Die Mama?! «
»Nicht besonders – – –.«
»Dein Schwesterchen?! «
»Nicht besonders – – –.«
»Wen also hast du besonders lieb?! «
»Die Schokolade! «

*

Liebesbrief

»Oh, ich habe ein so grenzenloses Vertrauen zu Ihnen, dass ich es auch dann nicht verlieren könnte, wenn Sie es missbrauchen würden! «

*

Die Forelle, der Hecht sind gefährliche, ewig auf der *Raublauer* liegende Tiere. Aber man fängt sie geschickt mit irgendeinem Köder.
Bei Frauen macht man es aber ungeschickt. Meistens reißen sie sich los und verspeisen nur den Köder!

*

»Woher nehmen Sie ununterbrochen Ihre Begeisterung für Frauen, Kinder, die Natur?!«, sagte jemand zu mir.

»Von Abführmitteln! Tamar Indien Grillon! Von meiner, *inneren Unbeschwertheit*‹!«

»Sie scherzen!«

»Gewiss. Denn *Sie* würden davon nur *Diarrhöen* kriegen!«

*

Mein Gehirn hat Wichtigeres zu leisten als darüber nachzudenken, was Bernard Shaw mir zu *verbergen* wünscht, indem er mir es *mitteilt*!

*

Musik ist: wie wenn die Seele plötzlich in einer *fremden Sprache* ihre *eigene* spräche!

*

Eine junge Frau sagte zu mir: »Oh, wenn ich so *gebildet* wäre wie die Frau Sch., dann wäre ich *noch gebildeter* als sie!«

*

»Sie *durch*schauen uns, mein Herr!« »Ja, aber auf der anderen Seite ist es doch wieder dasselbe *an*ziehende Mysterium!

DIE BROSCHE

Sie ließ durch eine Freundin nachforschen, wie viel die Amethystbrosche gekostet habe, die ich ihr geschenkt hatte.

»15 Lire!«, sagte sie dann zu mir. »Ich weiß, was das bei Ihnen bedeutet!«

» Es bedeutet ›Liebe‹!«

»Hätten Sie es auch noch für mich gekauft, wenn es 25 gekostet hätte?!«

»Auch!«

»Und bei 40?!«

»Nicht!«

»Weshalb?!«

»Weil es meine Verhältnisse überstiegen hätte!«

»Aber da fängt gerade die echte Liebe erst an!«

»Bei mir nicht! Bei mir hört sie da auf!«

JALOUSIE

Eifersucht?!

Frau, du steckst mir meine *Grenzen*?! Bis *dahin* und nicht weiter?! *Kindische* Törin!

Bin ich nicht eifersüchtig auf die Luft, die du in deinen geliebten warmen, feuchten Mund einatmest?!

Wie darf sie, ganz gefühllos, die weichen Innenwände deines Mundes spüren?!

Bin ich nicht eifersüchtig auf den Bissen, den du mit dem geliebten Speichel sanft umnässest?!

Von da zum Blick von Sympathie und Freude, zu einem lebendigen Mann, ist noch eine Welt!

Du *wunderst* dich, dass ich *verzweifelt* bin, da ich dem *Löffel* doch schon deine Zunge nicht gönne!

Ich trauere um alle Schätze, die du so vergeudest; dem Bette deine Ausdünstung, dem Glase deine Lippen!

Aber beim »lebendigen Mann« ergreift mich der Irrsinn.

Weshalb stirbt er nicht momentan vor Glück, der feige Hund?!

An seiner Leiche würde ich weinen, ihn beneidend um seinen schönen Tod.

Jedoch, er geht *lebend* hinweg und denkt: »Die könnt' ich haben! «

Fluch ihm, nein, *dir*!

FECHSUNG

NACHTRAG ZU PRÒDRŎMOS

Die, die *über mich* lachen, werden später *über sich* weinen!

*

Ich bin nicht erstaunt, dass jemand, der abends geröstete Kalbsleber oder Nierndln frisst, mir meine geliebteste Geliebte wegnimmt! Bei weichgekochtem Reis hätte er diese Untat *nicht* vollführt!

*

Symptome von Krankheiten, Haut-Ekzeme, beheben, statt auf die Ur-Ursache des Leidens tiefzubohren, ist ein feiges Manöver, für das die idiotischen Eltern, der idiotische Geliebte (meistens Gehasste) oder der in Erwerbssorgen sich erschöpfende idiotische, angeblich liebevolle Gatte (er verdient das Geld) den Arzt gern und dankbar bezahlen! Vogel-Strauß-Politik: man *sieht* nichts mehr von der Erkrankung. Nein, sie hat sich wegen schlechter Behandlung *ins Innere* zurückgezogen und lauert hier auf Rache in Form von künftigem Krebs usw.! Krankheit ist *der Notschrei der beleidigten Natur*! Halte ihr nicht den Mund zu! Wenn sie schon so gütig ist, zu schreien und um Hilfe dich anzuflehen!

*

Ich sterbe lieber an Diarrhöe als an Verstopfung. Wer *das* nicht versteht, versteht *überhaupt noch nichts*! Und vor allem wird er *vorzeitig* Gott sei Dank elend zugrunde gehen!

*

Hippokrates: »Je mehr ihr einen kranken Organismus ernähret, desto *mehr schadet* ihr ihm!« Denn gerade zur Verarbeitung, Assimilierung *fehlt* ihm im kranken Zustande die nötige *Kraft*! Man *frisst* sich viel mehr zu Tode, als man sich zu Tode *sauft*! Alkohol ist ein sichtbares, erkennbares, spürbares Gift, aber die *Wiener Mehlspeisen* sind ein unkenntliches heimtückisches Gift, unter den verräterisch-appetitlichen Namen: Tatschkerln, Fleckerln, Wuchterln, Strudel, Erdäpfelnudel, Rahmstrudel, Dalken, Palatschinken, Omelette.

*

Ein Teufelssatz: Was einem *schmeckt*, kann einem nicht *schaden*! Richtiger ist, dass, was einem *nicht* schmeckt, einem nicht schaden kann, denn man lässt es eben stehen!

*

Die Katze ist, abgesehen von ihrer genialen Bewegungsanmut, ein Genie: Sie heilt sich von jeder Erkrankung, sogar von Vergiftung, durch *Aushungern*!

*

Ich entließ mein Stubenmädchen im Grabenhotel, Risa Schmied, mit folgendem Zeugnis, da sie es vorzog, die Privatwohnung des Grafen Kaltenegg zu betreuen: »Wenn Sie bei uns geblieben wären, hätte ich, als Junggeselle, den Tagen der Vereinsamung, des Alterns, der Krankheit ruhig entgegengeharrt wie ein in Familienliebe Gebetteter! Nein, *besser!* «

*

Gefährlich sind nur *die* Dinge, die du auf die Dauer verträgst! Ein festes Verhältnis, die Ehe und Mehlspeisen! *Fett* und die *Hure* sind *ungefährlich!*

*

Der Patient einer Anstalt ist der »schreckliche Mensch«, der den Arzt Tag und Nacht hindert, ein ungestörtes ödes und friedlich-sattes Familienleben zu führen!

*

Wenn die Frauen es *einsähen*, dass *Fasten* eine *Verjüngungskur* sei, würden sie sich zu Tode fasten!

*

Hast du schon auf der Wiese, auf der Alm den *Duft* frischen Kuhdüngers gespürt?! Er gehört gleichsam zum Duft der Erde und der Gräser! Die Kühe haben nicht das Glück, von *Menschen-Almen* dasselbe zu behaupten! Aber sie werden es einst! Hoffentlich!

*

Genieße erst eine Frau, wenn dich *die Sehnsucht nach ihr verzehrt!* Auch hier gilt das Sprichwort: Hunger ist der *beste Koch!*

*

Hunger ist nicht nur der beste Koch, sondern auch der *beste Arzt!*

*

Nichts ist leichter, als erkannte Wahrheiten predigen. Aber sie *nicht zu predigen* ist eine feige Gemeinheit!

*

»Mein Herr, es ist leichter zu predigen, als es besser zu machen!« »Ja, aber es schlechter machen und das Bessere nicht einmal zu predigen, das ist eine Infamie!«

*

Wir sollten nicht so sehr *lang leben* als *kurz sterben* wollen!

*

Unsere »*Apparate*« haben eine himmlische Nachsicht. Sie verzeihen uns jahrelang alle unsere Infamien, Unanständigkeiten, Stupiditäten, die wir begehen. Aber endlich remonstrieren sie – – – mit *Krankheit*! Da sollten wir doch endlich weise aufmerksam werden! *Nein*, wir rennen zum *Arzt*!

*

Später ist *zu spät*!

*

Man sollte jede ungezogene, lieblose, hartherzige Frau fragen, was sie denn am Abend vorher *soupiert* habe?! Sagt sie: »Bries mit Spinat«, dann bist du *verloren*! *Gib jede Hoffnung auf*! Aber sagt sie: »G'selchtes mit Knödel«, dann rate ihr zu »Bries mit Spinat!« *Ein letzter Versuch*!

*

»Wann soll man also eigentlich essen, Herr von Altenberg, nach *Ihrer* Ansicht?!« »Erstens lassen Sie das ›von‹ aus, zweitens ist es nicht meine Ansicht, sondern die der *Natur selbst*, und drittens: Erst wenn dir der Gedanke an eine alte Brotrinde das Wasser im Munde sozusagen zusammenlaufen macht!«

»Herr von Altenberg, ist es in ›*sexuellen Dingen*‹ vielleicht *ebenso*?!?« »*Ja, ganz ebenso*!«

*

Die *Kranken* sollten die *Gesunden* internieren, damit diese an ihnen keine *Gemeinheiten* begehen können!

*

Wenn ich die Leute in den *Sanatorien* so Revue passieren lasse – – – lauter nette, feine, gescheite, ruhige, anständige Menschen! Was macht es, dass sich einer für einen Kaiser hält und eine für eine Fürstin?! Alle sind ganz normal, bis auf eine kleine, unscheinbare fixe Idee. Aber draußen, draußen im Leben, da ist ein jeder *voll* von fixen Ideen! Der eine hat Ehrgeiz, wozu, weshalb?! Der andere will von einer *geliebt* werden, die ihn nicht ausstehen *kann*. Einer stirbt vor Eifersucht wegen einer, die es nicht einmal verdiente, dass man sich ihren Namen, viel weniger ihre Adresse merke. Einer hofft, ewig begehrenswert zu bleiben; eine, ewig taufrisch! Einer glaubt *etwas* zu sein, weil eine, die *nichts* ist und *noch weniger*, auf ihn »fliegt«! Einer lässt sich ein hellblaues Samtgilet machen mit grünen Glasknöpfen. Einer zahlt einer ein Kalbsfilet mit Spargelspitzen und ist überzeugt, bei ihr eine Eroberung gemacht zu haben. Ein anderer zahlt *noch mehr* und ist *noch überzeugter*! Die begehrten Frauen fühlen sich wie in einem Irrenhaus. Nur die begehrenden Männer nicht. Die sind zu borniert dazu. Die nehmen alles ernst. Eine junge Dame sagte zu mir: »Dass *wir* die Männer brauchen, *das* begreife ich! Als idiotische Wurzen! Aber wozu sie *uns* brauchen, *das* kann ich nicht begreifen!«

*

Eine angezogene Frau hasse ich wegen ihrer *Kompliziertheit*, und eine ausgezogene wegen ihrer *Primitivität*! Wenn man einmal eine *angezogene* Frau fände, die man sich *nicht* ausgezogen wünschte, und eine *ausgezogene*, die man sich *nicht* angezogen wünschte! – – – *Das* wäre das *Glück*!

*

Nur die sehnen sich nach dem Unbewussten zurück, denen das *Bewusstsein* nur die Erkenntnis gebracht hat, dass sie Esel *waren* und *geblieben* sind!

Entdecken

»Heute besuchte mich um fünf Uhr abends im Café die ›vollkommenste Frau‹ dieser Erde! Fräulein Mitzi Thumb.«

»Oh, die habe ich schon zwei Jahre vor dir auf dem Lido, Hotel Exzelsior, entdeckt. Bilde dir also darauf nur nichts ein!«

»Entdeckt, entdeckt?! Wie hast du das bewerkstelligt?! Worin hat sich dein Entdecken geäußert?!?«

»Geäußert?! Es hat sich ganz einfach darin geäußert, dass ich sie gesehen habe, in ihrem seidenen Badetrikot mit dem roten Lackgürtel, und entzückt war über ihre Vollkommenheit!«

»Das also heißt du: entdecken!? Du hast es bei dir behalten, hast deine Begeisterung hinuntergeschluckt, die andern absichtlich nichts davon merken lassen, vor allem jene Frau nicht, mit der dich zu verhalten dein elender feiger Selbsterhaltungstrieb dich zwingt! Du hast nichts für diese entdeckte Vollkommenheit getan, hast schief weggeschaut von dieser Pracht, die dir deine armseligen Kreise nur stören könnte! Weißt du, was das heißt: entdecken?!? Entdecken heißt ein Tamtam schlagen für eine, dass alle unbedingt aufhorchen müssen; es heißt: sich für sie einsetzen, so dass alle andern bleich werden, krank und giftigbösartig; schreien, weinen und dichten, alle andern verleugnen, demütigen, auslöschen und vernichten! Das heißt: eine Besondere, Einzigartige, Vollkommene entdecken!«

»Peter, du bist der Ausrufer in der Praterbude des Lebens! Dazu gibt sich nicht ein jeder her. Es ist ein Beruf wie ein anderer. Aber die Nerven muss man dazu haben. Du hast sie!«

»Es heißt, die Blinden sehend, die Tauben aufhorchend, die Stumpfen fühlend, die Geizigen verschwenderisch machen! Es heißt, es unbedingt riskieren, dass diese entdeckte Göttin sich *denen* zuwende, die ohne dich sie nie, nie ›erkannt‹ hätten. Es heißt, dich von ihr allzubald misshandelt und beiseitegestellt zu sehen, diese einzige Dankbarkeit, die die Entdeckte dir zu spenden hat! Entdecker*schicksal* haben, schmähliches, *das* heißt: *entdecken*!«

SPLITTER

Wenn *meine* Träne von allen *agnosziert* wird als *ihre* Träne, wenn *mein* Lächeln von allen *agnosziert* wird als ihr Lächeln, wenn *meine* Eifersuchtsqualen zugleich von allen als *ihre* Eifersuchtsqualen gefühlt, gelitten werden, ich also nur das *tönende* Herz aller, *leider Stummen*, bin, indem ich es *sage*, mitteile, hoffentlich aber *ohne Reim*, so bin ich ein *lyrischer Dichter*! Der *lyrische Dichter* unterscheidet sich von dem *lyrischen Menschen überhaupt* nur dadurch, dass er *aussagt*, was dieser *verschweigt*!

*

Die Liebe: Ich habe für eine bestimmte junge Künstlerin eine direkt mystische Verehrung. Ich habe daher mein allerschönstes *P.-A.-Kollier*, Glas, Holz, Seide, arbeiten lassen und werde es ihr *zum Selbstkostenpreis* überlassen!

*

»La forme littéraire de son esprit était – – – la lettre!«
La forme littéraire de son esprit était: la conversation!
La forme littéraire de son esprit était, de mettre la main tendrement sur les genoux d'une dame pendant le souper!

*

»Sie ist fast die ganze Hälfte des Jahres so nett zu mir – – –!

Ja, sechs Wochen vor Weihnachten, sechs Wochen vor ihrem Geburtstag, sechs Wochen vor ihrem Namenstag und sechs Wochen vor deinem Besuch in ihrem Seebad. Macht schon ein ganzes halbes Jahr!

*

Ein glückliches Paar: Er tut, was *sie* will – – – und *sie* tut, was *sie* will.

*

Im Augenblick, da man eine Frau »*sein eigen*« nennt, ist sie es *schon nicht*!

*

Auch der Hund ist *nur* wertvoll, weil er sich nach uns sehnt, wenn wir nicht da sind. Ein Hund, der sich nicht nach uns sehnt, ist ein *Hund*!

*

»Langweilen Sie sich nie mit dieser Person, Herr Peter?!«
»Nein, *sie* mit *mir*!«

*

»Was spricht man mit so einem Mädchen den ganzen Abend?!«
»Dasselbe, was man mit der Antilope, der Gazelle und dem Kolibri spricht! Man bewundert sie!«
»Und das genügt ihnen?!«, sagen immer diejenigen, denen etwas *noch viel weniger* Wichtiges genügt!

*

Würde! Würde ist nichts anderes, als so viel zu können, dass man's nicht mehr nötig hat, es zu zeigen!

*

Frauen nehmen uns drei Viertel unserer Lebensenergien weg. Wenn wir sie aber *nicht* hätten, hätten wir *überhaupt keine* Lebensenergien. Freilich, es gibt noch andere Stimulantien unserer Maschinerie: Eitelkeitsbefriedigungen, Ehrgeiz und Geldsucht. Aber das sind Phantome. Der Leib der Frau ist leider eine Tatsache!

*

Tränen eines Mannes wirken *nicht*, weil die Frau sie nach *ihren eigenen* billigen taxiert!

*

Es gibt keinen größeren Gegensatz als die Beurteilung einer Liebesangelegenheit von Seiten des Beteiligten und von Seiten des Unbeteiligten. Der eine hat die *Gerechtigkeit* des Herzens, der andere die *Ungerechtigkeit* objektiver Beurteilung.

*

Eine Dame war unliebenswürdig gegen mich. Ich sagte: »Nehmen Sie einen Suppenlöffel voll Cortex Rhamni Frangulae!«
»Wird es mir nützen?!«, sagte sie.
» Nein, *mir*!«
Der befreite Mensch ist *stets* liebenswürdig, ja sogar *zu Gnaden* geneigt. Der andere ist missmutig, geizig, lieblos!

*

»Was wirst du tun, wenn du mich verlierst?!«
» Dann suche ich mir eine *Wertvollere*!«
»Da bleibe ich lieber bei dir!«

*

Einer sagte: »Sehen Sie, Peter, wie ich Ihre Lehren strikte befolge!« Und ließ sich zwei Portionen *Gervais* zum Souper geben. Er vermischte sie mit dem schwerstverdaulichen Öl, Paprika und Senf! »Sonst hat das öde Zeug ja gar keinen pikanten Geschmack!«, sagte er.

*

»Haben Sie denn so viele Erfahrungen?!«, sagte eine Dame schnippisch zu mir. »Erfahrungen nicht, aber Erfahrung!

*

Dialog

»Weshalb, Peter, sitzt Herr L. so weit weg von mir?!«
»Vielleicht nicht *weit genug*!«
»Und wenn er am Ende der Welt säße, säße er mir noch immer näher als du neben mir!«
»Ja, aber er könnte dann eben doch nicht deinen süßen Atem beim Sprechen spüren!«

*

Ich, zu meinem Lohndiener: »Sie, wie gefällt Ihnen denn meine neue Freundin?!?«
»Herr von Altenberg, ich bin nicht *maßgebend*. Aber unser *Portier*, der doch ein *verheirateter* Mann ist, hat g'sagt: ›*Da* saget i auch net *nein*‹!«

*

»Pétère, Sie ärgern uns oft, aber *langweilig* sind Sie *nie*! Die anderen sind sehr *nett* zu uns, aber *langweilig*!«

»Welche also würden Sie vorziehen?!«

»Die Netten!«

*

Sie war eine junge arme Kassierin in einem »Tschecherl«.

Sie hatte nur eine Leidenschaft, vielmehr eine Sehnsucht – – – edle Zigaretten.

Ich schenkte ihr welche.

Eines Tages küsste ich sie, berührte sie zärtlich. Sie ließ es sich gefallen.

Dann sagte sie: »Schade, jetzt schmecken mir diese feinen Zigaretten nicht mehr so gut. Bisher habe ich sie umsonst gehabt!«

*

Frau Valliere, die mich zu einer achttägigen Autofahrt durch das »Val Sugana« eingeladen hatte, sagte mir beim Abschiede in Mestre, aus dem Waggonfenster heraus: »Sagen Sie mir bitte etwas Liebes, das ich mir mitnehmen kann in meine Tage!«

»Gnädige Frau, ich habe acht Tage lang es nicht gespürt, dass ich in Gesellschaft einer fremden Dame reise!«

»Danke!«

*

Ich habe eine Freundin, die immer eine Ausrede hat, um *dazubleiben*; und eine, die immer eine Ausrede hat, um *nicht* dazubleiben. Jetzt denke ich in einem fort nach, welche mich weniger stört!?

*

Aphorismen sind das, woraus, wenn es einem anderen einfällt, er einen langen Essay macht! Gott sei Dank fällt es ihm aber nicht ein!

*

Meine *Gedanken* sind *gut*! Gebt *ihr* die guten *Taten* dazu! Damit das *Ganze* einen Sinn habe!

*

Der Dumme hat eine Ausrede für sich. Dass er dumm ist. Das ist das Gefährliche. Dass man es für eine *Entschuldigung* hält. Es ist – – – eine *Anklage*!

*

Die Rohheit der Menschen zeigt sich nicht erst im Krieg, sondern bereits im privaten friedlichen Verkehre!

*

Der *Hochstand* der Chirurgie beweist *nur* den *Tiefstand* der »internen Medizin«! Statt zehn Jahre *vorher* den Krebs zu diagnostizieren und zu *heilen, operiert* man den bereits *unheilbar* gewordenen zehn Jahre *später*!

*

Alles kann man in der Welt, nur das Eine nicht: einem Mädel, dem man einmal zwanzig Kronen geschenkt hat, ein nächstes Mal zehn Kronen geben. *Das* kann man *nicht*!

*

Es ist das Schrecklichste, mit einer *dummen* Frau Konversation zu führen. Nicht weil sie *dumm* ist! Sondern weil man ihr ununterbrochen beweisen muss, dass man sie für gescheit hält!

*

Aus Mangel an Gesprächsstoff begeht man die gemeinsten Taktlosigkeiten und Indiskretionen.

*

Es gibt Männer, die eine so blöd perfide Idee von »Freiheit« haben, dass sie eine Frau direkt auf »Hur« studieren lassen!

*

»Peter!, wir freu'n uns schon so, was Sie über den ›Lido‹ wieder Nettes z'samm'schreib'n werden, in Ihrer Fasson!?«
»Ich werde schreiben, dass ich zu wenig schöne Füß' und zu viele ›Busen' gesehen habe! «

*

Eine Frau ist immer *zu alt*, und nie nie *zu jung*!
Das Gesetz schreibt uns vor: von vierzehn an! Aber das Gesetz ist nicht von *Künstlern* entworfen. *Unser* Geschmack sagt: In *jedem* Alter, wenn du nur sehr *schön* bist! Freilich heißt es da wie in der Bibel: »Er hatte ein *Auge* auf sie geworfen! « Aber wirklich nur das *Auge*, dieses *ideale* Lustorgan!

SEMMERING-FOTOGRAVÜREN

Lebens-Leitmotiv

»Wer die Natur *lieb hat,* die schönen Wälder, die schönen Berge, die schönen Almen, die schönen Bäche, die schönen Primeln, die schönen Frauen, die schönen Kinder, die schönen Pferde, die schönen Hunde, die schönen Katzen, *dem* kann nicht viel Böses passieren in diesem *sonst* ziemlich dürftigen und belanglosen Erdentale! Die schönen Austern, den schönen Kaviar nicht zu vergessen!

*

Semmeringlandschaft beim Orthof

Man *verliert* sein Herz an so vieles, da kann man es doch auch einmal an etwas *gewinnen!*

*

Der Schwarzaviadukt

Dem Semmering zu! Um *diese* Gefühle könnt ihr mich wirklich alle beneiden! Aber wenn man *das* kann, ist man ja *selber schon* beneidenswert!

*

175

In der Eng

Immer ahnte, befürchtete man, erhoffte man *Kreuzottern*, diese schönen Teufelinnen – – – – – *nie* kamen sie! Oh ja, in *anderer* Form! Und ebenso schön von der Natur ausstaffiert! Kreuzottern kann man *geschickt* packen, dass sie einem nichts tun können! Und wenn sie beißen, kann man es durch Alkoholrausch unschädlich machen!

*

Das Erzherzog-Karl-Ludwig-Schutzhaus auf der Raxalpe

Die Menschen, die *hier* sind, sind hier wegen *echter wirklicher* Angelegenheiten, wegen Schneefeldern, Zirbelholz und Bergsturm!

*

In der Kirche von Maria-Schutz

Hier betete ich oft für meine kleine Heilige, die damals zwölfjährige *Klara Panhans*, dort, wo der Bergquell dem Altar entspringt! Eine englische Dame sagte gestern zu mir: »Peter, wie kommt es, dass man erst nach acht Jahren Ihre Briefe, Ihre Tränen, Ihre Verzweiflung versteht?!« Ich erwiderte: »*Gut Ding braucht Weile!*«

*

marixverlag

Diese Karte entnahm ich dem Buch:

☐ Bitte schicken Sie mir das Gesamtverzeichnis **marix**verlag.

☐ Bitte informieren Sie mich regelmäßig über Neuerscheinungen.

☐ Bitte schicken Sie mir das Gesamtverzeichnis Edition Erdmann „Alte Abenteuerliche Reise- und Entdeckerberichte".

Alle Informationen unter www.marixverlag.de

Mich interessieren folgende Themen:

☐ Geschichte

☐ Philosophie

☐ Weltreligionen

☐ Judaika

☐ Weltliteratur

☐ Kunst

Absender

Name, Vorname

_____

Straße, Nr.

_____

Plz, Ort

_____

Telefonnummer *

_____

Faxnummer *

_____

Email *

_____

Unterschrift

_____

* freiwillige Angabe

Für Ihre schnelle Anfrage:
info@marixverlag.de

Rückantwort

marixverlag GmbH
Römerweg 10
65187 Wiesbaden

Partie bei Klamm im Frühling

Im Frühling ist alles grün – lila – rosig – duftig. Mehr kann man nicht aussagen darüber. Weshalb also reimen und dichten?!

*

Semmeringlandschaft vom Eselstein

»Hier kenne ich jeden Steig!«, sagte der Tourist. »Hier kenne ich jeden Grashalm!«, sagte der Dichter.

*

Gefräßiges Volk, Ziegen

Ziegenkäse war mein Lieblingskäse. *Molkenkäse* auf dem Lakaboden. Er ist verschwunden aus der Welt. Er war zu *einfach,* zu *billig,* zu *gesund!*

*

Orthofstraße gegen den Feuchter

Sie gingen selbander. Er sagte: »*Jetzt erst* liebe ich dich *ganz!*« Sie erwiderte: »*Jetzt erst* liebe ich die Natur *ganz!*«

*

Bei der Bob-Bahn auf dem Semmering

Hier frieren »Aristokraten« stundenlang, zum Pläsier! Leider bekommen sie keine Frostbeulen! Sie genießen sogar die Kälte! Schade!

*

Fechsung

Zuschauer

Überall gibt es *Zuschauer*. Das heißt Leute, die sich für etwas interessieren, wofür sie sich gar nicht interessieren!

*

Das Palace-Hotel im Winter

Wenn ich nur den Unterschied wüsste zwischen Winter und Sommer auf dem Semmering!? Im Winter trägt Kl. P. Winterloden und im Sommer Sommerloden! Alles andere ist doch *gleichgültig*!

*

Auf der Kampalpe

Diese Kühe stören mich nicht! Sie suchen sich ihr *Fressen* selber!

FARBE

An – – –
Der Mond schimmert mystisch-weiß auf die nächtlichen Wiesen – – –.
In Carrara schimmern die riesigen Marmorblöcke, ausgehauen aus Felsen für ewige Denkmäler – – –.
Weiß schimmert der Bergbach an der braunen Schleuse herunter – – –.
Weiß schimmert das englische Batisthemd – – –.
Und der weiße Kandiszucker in Kinderhändchen – –

Weiß schimmern die Lämmerwölkchen am blauen
Junihimmel – – –.
Weiß schimmert die Seele einer Heiligen – – –.
Aber so weiß wie deine Knie schimmert *nichts*!

PHILOSOPHIE

Die Geliebte, in gesunden und in kranken Tagen, näm-
lich in unseren!
In *gesunden* Tagen fällt es uns *mehr* oder *weniger*
leicht, ihr es ununterbrochen zu *beweisen*, dass sie
die *Sonne* unseres Seins, unser *Labsal*, unsere einzige
Stütze, unsere *Errettung* sei! Aber in kranken Tagen
spießt es sich, obzwar sie malheureuserweise gerade
in diesen als Rettungsengel, Betreuerin, Helferin, ideale Stütze eine *Rolle spielen möchte*! Gerade jetzt soll
ihr, *muss* ihr der arme Kranke, der nur absolute *Ruhe,*
Schlaf, Darmfunktion, Konzentration auf das *eigene*
geschwächte Ich brauchte, *beweisen*, dass sie ihm *un-*
entbehrlich sei, und muss sich oft stundenlang vom
Brechen und Scheißen zurückhalten; aus Angst, sie
zu *enttäuschen*!
Was *nützt* es, dass sie bleich und selbstlos erklärt, sie
wolle für ihn die *niedrigsten Dienste* verrichten?! Von
ihr es *anzunehmen, stört* ihn, *hindert* ihn, *demütigt* ihn,
macht ihn unglückseliger, als er *so schon ist*!
Sie sitzt stundenlang an seinem Bette, betreut seinen
Schlaf, macht dabei hundert unwillkürliche und will-
kürliche Geräusche, die ihn *aufschrecken*, jedenfalls die

Tiefe des Schlummers, die absolute Sorgenlosigkeit, das gänzliche regenerierende Versinken *beträchtlich verhindern*! Ein Kavalier mit *Magen- und Darmkatarrh* ist eine Unmöglichkeit! Und *kein* Kavalier sein, ist aber eine *ebensolche* Unmöglichkeit! Uns es aber *erleichtern*, scheint eine *noch größere* Unmöglichkeit zu sein für »*liebende Frauen*«!!!

An die Frauen!

Anno Domini 1914.
Wehe dem Luxus!
Ich weiß es nicht, ob diese bedrängten Kriegszeiten euch noch helfen können, Frauen! Ob ihr nicht durch diese feige schändliche *Verwöhnung* durch die Männer, die von euch *irgendwie* (!?) *abhängig* sind, schon endgültig in eurer *Psyche* ruiniert, verkümmert, zerrüttet seid! Aber wenn noch ein Funke »idealen Lebens« in euch *Irregeleiteten*, durch Mannes *Schwäche* (angeblich *Kraft*), schlummert, so *beweist es nun*, indem ihr euch *jegliches Unnötigen* sogleich entäußert, und es erfasset, dass ihr das Glück, die *Gnade* der Selbstlosigkeit, die *aller* Religionen *einzig wertvoller* Kern ist, jetzt wieder erringen könnt, und wenn auch mais un peu tard, *in Betätigung* umsetzen könnt! Eine richtig, zart, schmackhaft, billig gekochte, nahrhafte, leichtverdauliche Suppe ist *wertvoller* als *alles*, was ihr von Dichtern und Künstlern *falsch aufgeschnappt* habt! Ihr habt euch geschmückt mit den *wirklichen*

Geistern frech naseweis ausgerupften Federn! Ihr habt
es stets *ausgenützt*, dass der Mann euch *braucht*! Aber
dienen, helfen, fördern, stärken habt ihr *nicht* erlernt!
Sondern *schwächen*!!! *Erlernt*?! Es liegt von jeher in
euch!

Der Mann hat *nachgegeben, nachgegeben*, immer, immer, *man weiß, warum*! Und ihr, *angeblich* Zartestes
in der Welt, habt das nur *ausgenützt*! *Ungezogen, frech*
und *unreligiös*!

Ein zart und besonders zubereitetes Gemüse ist *wertvoller* als alle eure feigen Träumereien für die Welt! Für
den *Mann* vor allem, diesen *Geist*, diese *Kraft* des *Lebens*! Dass man *euch* in dieser Weltmaschine »Mann«
als Tonikum, als *Belebendes, braucht*, soll eure *demü-
tige sanfte Ehre* sein! Nicht eure *freche Überhebung*!
Jedes zarte Rädchen in dieser kompliziert-genialen
Maschinerie »Mann« sei sich *seines Anteiles* am Ganzen *froh-dankbar* bewusst! Aber zu *sagen*, zu *denken*,
zu *empfinden*: ätsch, wenn *ich* stehen bleibe und mich
versage, ist der ganze Krempel *hin* und *wertlos* – – –
das ist eine *Gemeinheit*! *Wehe* dem Mann, der *wirklich
davon* abhängt – – – er *sterbe*, als ein *Unnötiger*! Als
einer, der seine *Pflicht* als *Herr der Welt* versäumt, ver-
letzt hat!

REVANCHE

Sahest du heute, ängstlichen Blickes, in meinen Augen
die Gespenster der Entfremdung, Mädchen – – –?!
Und sahest mich an, flehentlichen Blickes,
und konntest nicht sprechen, was du so gern sprechen
wolltest,
und konntest dich nicht rühren und mir um den Hals
fallen?!
Und bliebest *verbittert* stehen, wie umgewandelt von
meiner Ungnade,
erbittert über das Schicksal und die Welt?!
Siehe, *so, so* bin *ich* einst gestanden vor *jener* –.
Und weil ich weiß, *wie* es tut,
nehm' ich dich also wieder in Gnaden auf, Mädchen!

VARIATION ÜBER EIN BELIEBTES THEMA

Verwöhnt sein, ist das schreckliche Unglück der schönen Frauen. Infolgedessen haben sie *nichts* von ihrem
Leben, sondern *nur noch* Neid, Eifersucht, Eitelkeit.
»Ich bin es so *gewöhnt*«, ist der tückischste *Mord* an
der Seele. Denn siehe, sie wünscht stets und stets *über-
rascht* zu werden!
Was ihr gewohnt wird, macht sie *leblos, tot*. Sie hört
allmählich auf zu *funktionieren*, wird starr, hart, sogar
bösartig. Ein gütiger Blick zu *ungewohnter* Gelegenheit! Und die Seele errötet dir vor Freude. Das, was sie
stets bekommt und stets, lässt sie bleich. Und dennoch

wäre es tiefste Kultur, das Gute, das man hat, *stets* zu empfinden als eine Gnade Gottes! *Dazu* sollte man ein Kind erziehen, dass es in jeder Schachtel seine besonderen Schätze hat und dass ein Pfirsich ist wie Feiertag! Schöne Frauen haben *nichts* von ihrem Leben. Sie sind zu sehr daran gewöhnt, schön zu sein!

Wenn eine Hässliche acht Tage lang schön sein könnte! Eine Schöne viele Tage unscheinbar! Ein Bettler vierzehn Tage lang reich! Ein Reicher hie und da bettlerisch! Um aus *Gewohntem* Schätze auszulösen für die Seele, muss man schon fast der Weltgeist selber sein!

Über die Anständigkeit

Das mit der Anständigkeit ist auch so eine Sache! Es haben nämlich *beide* Teile anständig zu sein, in *gleicher* Art und Weise. Sonst kommt einer der Teile zu kurz dabei. Und *das* ist unanständig. Weil es *schwächt*! Alles, was *schwächt*, ist *unanständig*, sowohl von Seiten desjenigen, *der* schwächt, als auch *ganz besonders* von Seiten desjenigen, der sich schwächen *lässt*! Denn das ist dumm, inferior, und daher *ebenfalls* unanständig! Ich habe *nur* anständig zu sein dem *wirklich* Anständigen gegenüber! Sonst ist *Kriegszeit der Seele*!

Man muss Buch führen über alle Anständigkeiten und alle Unanständigkeiten seiner Nebenmenschen, sowohl der Völker, Staaten als auch einzelner, sogar sogenannter Liebespaare, eine gerecht reinliche, wahrhaftige Buchführung! Um nicht in seelischen oder anderen Bankrott zu geraten und Konkurs ansagen zu müssen seiner für den Kampf ums Dasein notwendigen *Lebensenergien*! Ich kannte einen Mann, der zwei Jahre lang »Buch führte« über alle Gemeinheiten, vor allem *unnötigen* Grausamkeiten seiner süßen Geliebten. Eines Abends las er ihr ruhig und gemessen eine Stunde lang das ganze Register vor, und schmiss sie hinaus!

Sie sagte weinend: »Hätt'st mir dös früher g'sagt, hätt'st es nicht anwachsen lassen!«

»Ich?! Nein, *du*!«

PHILOSOPHIE

Wie kann man *noch* lieben, wenn man *nicht mehr* liebt?! *Wie* macht man das in seiner Seele aus?!

Da musst du den *Philister* fragen! Der *kann* es! Seine *gestorbene Seele* wird ersetzt durch die *lebendige Verpflichtung*!

Es ist ein Kunststück, eine Zauberei, ein *Über-*, ein *Widernatürliches*, jedoch er bringt's zustande!

Freilich, frage mich nicht, wie es dann in der verschanzten Festung seiner Seele ausschaut!

Sie ist zerschossen, kein Stein mehr auf dem Stein, ein *Chaos*!

Er hat *kapituliert*, dem *Feinde* sich ergeben »Verlogenheit«, ohne es zu wissen!

Er glaubt, er habe seine *Pflicht* getan!

Wahrhaftigkeit jedoch besiegt *unerbittlich* im Lauf der Zeit jede noch so gut verschanzte Festung »*Lebenslüge*«! Sie *muss* kapitulieren! Und wenn er auch *nur* zuckerkrank, herzkrank wird davon!

WERDET EINFACH!

Mittendrin in diesem Weltsturm sitze ich krank in meinem Zimmerchen und überdenke, überschaue die Sünden, nein, die *Irrtümer* der Menschheit! Denn die große Sünde ist – – sich *irren*! Sich *nicht irren* ist allein *sündelos*! Neid, Eitelkeit, Eifersucht, Eigendünkel, falscher Ehrgeiz beherrschten die Welt! Ein *Irrtum* des Lebens! *Werdet einfach*!

Wenn ihr jetzt, *jetzt* nicht es erkennt, dass *jeglicher* Luxus überflüssig, traurig, lächerlich, schändlich und vom Satan ist, dass die Welt und ihr unnütz euch groß getan habt mit Überflüssigem, wann, wann werdet ihr es dann *noch jemals* erkennen?!

Werdet einfach!

Gesundheit, Reinheit des Leibes und der Seele werde euer einziger Luxus!

Und Luxus werde eure *Schande*! Ich habe am »*Lido*« die *hässlichsten* Füße und Fußzehen erblickt und die *schönsten* zartesten Strümpfe und Schuhe! *Betrügerinnen*!

Ihr seht, der Tand hat euch nicht vorwärtsgebracht, ein Welten-Brand vernichtet gleichsam alle Seidenfetzen und Reiherfedern der Erde, alle Pelze und Perlenketten!

Werdet einfach!

Jetzt, jetzt könnt ihr *mithelfen*, indem ihr den Mann, der *ewig Wichtigeres* zu schaffen hat, von nun an und für immer *entlastet* von unnötigen Ausgaben! Hygiene und Diätetik, diese Sparer und Mehrer menschlicher Lebensenergien, seien euer Luxus! Auch im *Blechlavoir* kann man rein werden, mit Schwamm und *billigster* Kernseife! Eure Wände seien getüncht, eure Fenster bei Tag und Nacht geöffnet, euer Lager hart-gesund, eine Art idealer Pritsche, bester Loden und bester Flanell ersetzen euch die *verbrecherischen Pelze*!

Werdet einfach!

Es gibt einen *Genuss* der Einfachheit! Es gibt einen *Stolz*, es gibt eine *Ehre* des einfachen Lebens. Jeder helfe jetzt mit, die Welt zu *reinigen* von düsteren, grausamen, heimtückischen, teuflischen Vorurteilen. Tod dem *Überflüssigen*, es belastet, raubt Kräfte, schwächt, verhindert und zerstört!

Werdet einfach!

DIE JUNGE GATTIN

Frau Ernst gewidmet

Immer *rekonstruiere* ich mir wieder
seine Leiden – – – wie er dalag auf finsterem kaltem nassem Felde,
mit seiner Schusswunde!
Weshalb tue ich es?!?

Um nicht die Qual zu haben, *ruhig* zu werden,
obzwar die *schwache* armselige Seele stets wieder nach
Beruhigung drängt!
Wenn er aus seiner Ohnmacht erwachte,
dachte er an *mich*. Nein, er dachte:
»Wann, *wann* wird jemand kommen, mich ver-
binden?!«
Dem *fremden* Retter harrte er entgegen.
Als *keiner* kam,
da dachte er an *mich*!
Oh sei gesegnet, Schicksal,
dass ich wenigstens *einen Augenblick lang* ihm noch
etwas war!

AUTOGRAMME

An Fräulein …: Glauben Sie mir, Sie irren sich, ich
kann Ihnen *wirklich* gar nichts bieten! Denn das Bieten hängt *nicht* vom Reichtum des *Gebers*, sondern
vom Reichtum des Nehmers ab!

*

Ich bin keine *Krücke* für die *Lahmen*, ich bin ein Flügel
für die *Gehenden*, dass sie *schweben* können!

*

Sie fragen mich: »Soll man also seine zärtlich Geliebte
eigentlich *nicht* liebhaben?!« Oh ja, aber immer *noch
mehr* die huschende Smaragdeidechse, die tirilierende
Lerche, den schweigenden Wald!

*

Zum *Dichten* gehört vor allem *Gedächtnis*! Man muss nämlich an alle *schönen* und alle *hässlichen*, an alle *gemeinen* und alle *ungemeinen*, an alle *lächerlichen* und an alle *tragischen* Dinge des Lebens *zugleich* denken können!

SPLITTER

Hungern, hungern, wenn man weiß, man wird *dann* fein zu essen bekommen, ein *Glück*! Essen, essen, wenn man ausgehungert ist, ein Glück, ein Glück! Aber gegessen *haben, satt* sein, ein *Unglück*! In *dieser* Situation befinden sich alle Glücklichen! Daher sind sie *unglücklich*!

*

Ich habe viele *Freunde*, aber wenig *Brüder*! Freunde sind *die*, die *das noch* verstehen, was sie verstehen *können* an mir! Aber *Brüder* sind *die*, die *auch das noch* an mir verstehen, was sie *nicht mehr* verstehen können!

*

Heute, 17. Dezember 1914, ½ 6 abends, wurde mir im Café meine geliebte goldene Uhr gestohlen. Ich annoncierte sogleich im N.W.T.: »Welche meiner zahlreichen Verehrerinnen erwünscht sich die Ehre, mir auf den Weihnachtstisch einen Ersatz für die gestohlene zu legen?!« Ich erhielt 173 wundervolle Uhren. Die schönste behielt ich, den Erlös für die anderen widmete ich den Waisen weiblichen Geschlechtes gefallener Helden! Das Ganze war aber nur, wie im Kino, ein Traum. Bis auf die eine gestohlene Uhr. Die ist Wirklichkeit.

ALTERN

Bei 22° Kälte auf dem Semmering, vor drei Jahren, war mir warm. Jetzt ist mir kalt bei 14° über Null.
Man altert.
Sie erzählte mir, ein Herr habe sie in der Tramway angesprochen.
»War er wenigstens elegant?!«, fragte ich gleichgültig.
Man altert.
Geld blieb aus, und ich tobte nicht Tag und Nacht über die Ungerechtigkeit der Welt!
Man altert.
Ich hatte ein Bläschen auf der Zunge und dachte an Krebs!
Man altert.
Ich dachte an die Jugendzeit: Gott sei Dank, dass diese Periode von schamloser Stupidität und frecher *Lebensunweisheit vorüber* ist!
Man bleibt jung.

Nachfechsung

Splitter

Wenn jemand im Gespräche sagt: »Ohne ihnen *na-hetreten* zu wollen selbstverständlich – – –«, tritt er einem direkt mitten in die Seele hinein!

*

Weshalb der »Geist« so wenig bewirkt?! Weil er nur ein ganz winziger Faktor im Gesamtorganismus ist. Es sind nämlich noch da: Die Leber, das Herz, der Magen, der Darm, die Niere, die Hoden, die Gebärmutter, die Epidermis, und die *Vorurteile*!

*

Ein plötzliches Verstummen, Erbleichen, kann eine schrecklichere Szene sein als das Abschlachten der armen Desdemona durch Othello!

*

Sich nicht *wehren* können?! Wir können ja doch *denken* und innerlich *guillotinieren*! Dem Danton, Marat, Robespierre entging vielleicht doch so mancher. *Mir keiner.*

KLAGE

Welch *tragisch-lächerliches* Schicksal, ein *Mann* gewor-
den zu sein?!
Da doch jede Frau sich als *missbrauchten* Gegenstand
betrachten *muss*, falls man – – –.
Oh, oh, weshalb hin ich nicht lieber als ihr weißes lie-
bes Nachttöpfchen auf die Welt gekommen?!
Als ihr weißes zartes Batisthöschen?!
Als ihre weiße Lilienmilch-Seife?!
Als ihre weiße Badewanne?!
Ich Unglückseliger muss ausgerechnet als ein *Gegen-
stand* auf die Welt kommen, dem sie selbstverständlich
misstraut?!
Wie beneide ich dich ewig, weißes Badetuch!
Wenn *du mein* Gefühl hättest, ich aber *deine* Qualitä-
ten!

ÜBER DIE EIFERSUCHT

Es darf für den modernen, alles durchschauenden,
in gewisser Beziehung bereits wirklich allwissenden
Mann nicht mehr heißen: »Wer eine Frau also *ansieht*,
dass er ihrer begehret, der hat mit ihr *bereits* die Ehe
gebrochen – – –«, sondern es muss noch *radikaler* lau-
ten: »dann hat *sie* bereits mit ihm die Ehe gebrochen!«
Denn eine getreue Frauenseele muss *also* mit einem
Walle von Unnahbarkeit und Uneinnehmbarkeit, von
Würde und Seelenadel geschützt, behütet, verteidigt

sein, dass Don Juans feiger Blick sich senkte und scheu zur Seite sich wendete! Wenn ihr den Eroberer nicht besiegen könnt, durch euer bloßes Sein, könnt ihr ihn nie und durch nichts besiegen! Er muss vor dem Mysterium eures heiligen, edlen, in sich gekehrten Seins innerlich auf die Knie gezwungen werden und reuevoll euch belassen im Frieden eures Herzens! Wehe den *Minutenspendern*, da doch das Leben *nach Jahren* zählt! Frauen, seiet so, dass der wilde Krieger vor dem Walle eures Tempels freiwillig umkehre! Frei und willig! Dann wird die Eifersucht, diese schrecklichste Erkrankung der Mannesseele, gebannt, verbannt, besiegt sein!

SPLITTER

Wie du dich benehmen sollst, Geliebteste, Verehrteste, *anderen* gegenüber, fragst du ängstlich?! Ich weiß es nicht.
Aber benimm dich so, dass mir kein Leid geschieht!

*

»Womit, bitte, hat sie Sie ›herumgekriegt‹?!«
»Damit, womit mich der Schneeberg, der Semmering, die Dolomiten, der Gmundener See herumgekriegt haben!«

*

»Achachachach«, jammern unsere Morgenblätter und Abendblätter, »unsere zarten Damen werden sich halt doch sehr schwer des zarten und gewohnten weißen

Weizengebäckes entwöhnen!« Ja, die Herren ge-
wöhnen sich auch ziemlich schwer an Leberschüsse,
Nierenschüsse, Herzschüsse und neuartige Schützen-
grabenunbequemlichkeiten!

*

Ich sah heute einen dreiteiligen Thermometer, zum
Aufhängen, zum Ablesen von allen Seiten! Aber erstens
ist er aus England, Gott strafe England!, und zweitens
oder vielmehr erstens, elf Kronen! Hätte ich ihn aber
dennoch nicht gekauft, wenn ich das Geld *gehabt* hätte?! That's the question, *nein, das* ist die Frage! Ha, ich
hätte ihn gekauft! Ich hätte gesagt: Weshalb machen
Deutschland und Österreich nicht *ebenso* praktisch-
hübsche Thermometer, dass man leichter patriotisch
sein könne!?! »Wir *werden* sie unbedingt demnächst
machen!«, sagt *Deutschland.* »San unsere Thermometer eppa net g'rad a so schön, ah, da muss i bitten?!«,
sagt *Österreich.*

*

Eine Tür sachte schließen oder sie dröhnend ins
Schloss fallen lassen, ist schon eine ganze *Biographie!*

*

Wenn meine geliebteste Geliebte mich mit Albert Bas-
sermann, mit Puccini, mit Chamberlain betröge – – –
das könnte ich verstehen, verzeihen! Aber wenn sie
mich mit S. G. betrügt – – – das verzeihe ich ihr noch
leichter, denn *das* wird sie *bereuen!*
»*Im Rausch*« verspricht man manches, was man dann
»*nüchtern*« nicht halten kann! *Nüchtern* verspricht

man manches, was man dann *im Rausch* nicht halten kann!

*

Einer schrieb über mich, ich sei eigentlich das typische »Kaffeehaus-Genie«. Ja, gegen einen *Knut Hamsun* bin ich es vielleicht, ich sage unbescheiden »vielleicht«. Aber gegen den, der das geschrieben hat, bin ich wahrscheinlich noch immer Zeus, Allvater und Gott selber!

*

Danton, Marat, Robespierre waren gegen mich gehalten geradezu sanfte Lämmchen! Blut bezeichnete ihren Lebensweg. Den meinen »richtigere Erkenntnisse«!

*

Jemand sagte zu mir: »Ja, wenn Sie es nicht einmal der Mühe wert finden, mir Ihr neues Buch zu schicken, kann ich es nicht rezensieren! «
»*Können* Sie es, wenn ich es Ihnen schicke?! «

*

Strindberg hatte recht: Man darf geliebten Frauen nicht trauen! Aber er fasste es als *Problem,* über das man nachdenkt. Das ist falsch. Man muss es als *unumstößliche Tatsache* fassen, für *ewig.*
Dem »blendenden« und düsteren Leben gerade ins Gesicht schauen, das konnten Goethe, Bismarck, Beethoven. Dazu muss man eben gute Augen haben, um alles Licht, alles Dunkel *zugleich* und *hintereinander zu vertragen!*

*

Man fragte Anton Bruckner einst: »Meister, wie, wann, wo ist Euch das göttliche Motiv zu Eurer ›Neunten‹ eingefallen?!«

»Das war a so. I geh auf'n Kahlenberg, und wie mir heiß wird und i hungrig werd, setz i mi ans Bachl und pack mein' Emmenthaler aus. Wie i's fette Papier aufmach, fallt mir die verflixte Melodie ein!«

*

Zum Beispiel bei einem gefährlichen Straßenübergang, Tramways, Autos, Menschen, da hab' ich dich am liebsten, bin zärtlich besorgt. Aber auf der Promenade, was kann dir geschehen?! Doch! Einer geht vorüber, hat elegante Lack-Knöpfel-Schuhe an. *Langeweile*, dein Name ist *Treubruch*!

*

Eine Hand wird *zusehends schöner*, während du sie liebevollst streichelst! Wenn sie aber *dadurch* nicht *schöner* werden sollte, dann hat es auch keinen Zweck, sie liebevoll zu streicheln!

PHYSIOLOGISCHES

Wisst ihr, Einfache des Daseins, die ihr immer nur die Reime kennt: Herz – Schmerz – Liebe – Triebe, wisst ihr, wo der Sitz der Sehnsucht sich eigentlich befindet?!?

Direkt unter der Magengrube! Dort, wo das Brustblatt aufhört! Dort, dort spürst du die zehrende lähmende Melancholie der Sehnsucht, dort spürst

du die »Angst des Herzens«! Aber auch die Aus-
dünstung deiner Haut verändert sich von dort aus!
In dein Hemde, in deine Kleider gehen deine Sehn-
suchtsqualen über, zarte Frau! Unglückliche Liebe,
Sehnsucht, Eifersucht erzeugen einen Hautduft wie
Äpfelduft in dumpfen Tischladen, gleichsam wirk-
lich Lebensfrische zurückgedrängt, gestaut in Eng-
Verliesen!

Nun spüre ich, Frau, in tiefster Ergriffenheit, seit Tagen den veränderten Duft deiner geliebten Haut! Wie
Duft gewordene Bedrückung! So zart und dumpf. Wie
Krankheit der Seele, die sich ausseufzt! Wie der Duft
des Krankenzimmers eines geliebten Kindchens! Wie
der Duft von edlen Kanadaäpfeln, zurückgestaut in
engen, dumpfen Tischladen! Ich spüre, süßes, zartes
Geschöpf, den Duft deines sehrenden Sehnens, das
Lebendigkeiten lähmt und untergräbt! Du aber sagst:
»Mir fehlt nichts, nein, wirklich, mir fehlt nichts!« Wer
ist also der Glückliche, um den deine geliebte Haut in
dumpfem Dufte sich abhärmt?!? Ich sauge in deiner
süßen Nähe den heiligen Duft deiner geheimnisvollen
Seelennot ein, und deines edlen Kleides sonst sanfter,
lieblicher Hauch wandelt sich nun in Traurigkeits-
dunst!

Ich spüre deiner Haut untrüglich dumpfes Sehnen!
Was ist ein Wort, ein Blick, ja ein Gewähren?!? Es
können Launen sein und Spiel und Ungezogenheiten!

Aber der Duft der Haut ist außerhalb des Willens.

Hier beginnt die *Wahrheit*, ausgeschaltet aus den Rän-
ken des bewussten Seins! Hier spricht die Liebe ihre
wahre Sprache!
Sie *duftete* nach *Sehnsucht*! Also *war's*! Mit wem *be-
trügst* du mich?!?

SPLITTER

»Ist es nicht schade, dass diese wunderbaren apri-
kosenfarbigen Rosen gar nicht duften?!«
Mein Stubenmädchen: »Wozu?! Man hat schon den
Geruch, wann ma' s' nur anschaut!«

*

Die Gier nach Geld darf *nur* so weit gerade gehen, um
Seele und Geist *frei* zu machen *von der Gier nach Geld*!
Also: monatlich 600 Kronen!

*

Ich sehe in den Straßen so viele dahinfluten, -schrei-
ten, -trippeln, -tänzeln, -schlürfen, -hatschen, und
jeder will etwas *erreichen*! Ja, hat er nicht recht?! Hat
er es sich gewünscht vielleicht, da herein geboren zu
werden?! Jetzt ist er nebbich da!

*

»P. A., Sie sagen alles so einfach-brutal, so verständlich,
da gibt es keinen Ausweg, es missverstehen zu dürfen!
Mein Freund sagt dieselben Dinge, aber für die oberen
Fünfhundert!«
»Er ist Aristokrat, ich Edel-Anarchist!«

*

»Alexander der Große kam mit Aristoteles auseinander, weil dieser seine Lehren verständlich für alle vorbrachte. Es war nicht ›kaiserlich‹ genug!«

»Nun ja, ich riskiere es eben, dass 1000 Esel mich missverstehen, um 10 anständige Menschen vielleicht aufzuklären! Außerdem ist es kein geringes Vergnügen, zu sehen, wie dabei 990 sich giften! Ich lasse niemandem die Ausrede: ›Das ist mir zu hoch!‹ Krümme dich, Wurm, unter meinem *verständlichen Tritt*!«

*

Geliebte Wiener Bevölkerung auf allen Straßen, auf allen Plätzen, wie *beneide* ich dich, wenn ich so vorüberwandle! Ihr habt nur über *einen* zu lachen, ich aber über *alle*!

*

Die Leute finden doch immer irgendetwas an meinen »kleinen Sachen«. *Ich* finde an ihren großen Sachen gar *nichts*!

*

»Peter Altenberg schreibt hie und da doch gar *zu billige* Wahrheiten!«

»Wenn ihr sie wegen ihrer Billigkeit doch umso mehr kaufen möchtet!«

*

Die Leute, die noch zu gesund sind, als dass sie *schlechte Luft* genieren könnte, werden später zu krank sein, als dass ihnen *frische Luft* noch helfen könnte!

Zwei Welten

Paula: »Du ›fliegst‹ also auf Frieda! Wer *wäre* ich, wer wärest *du*, wenn ich dieses Leid meiner liebevollsten und unzerstörbaren Seele *anders* als eine ängstliche *Schwester*, eine bekümmerte *Mama* trüge?!? Welches *Armutszeugnis* mir, deiner Geliebten, wenn ich *gerade jetzt* es vergäße, dass ich einem *Dichter* angehöre, *zugehöre*, mich wirklich seelisch-geistig hingegeben habe, der in seinem edel-reichen Weltenherzen *alle* schönen, guten, zarten Dinge dieses Lebens lieb hat, schätzt, wertet, bewundert, anstaunt, nicht nur *mich* wegen meiner zufällig *magdlich-ergebenen* Seele!?! *Um dich* nun also leiden, bangen, zittern, vergehen zu können, um *mir, mir* allein es nun *beweisen* zu dürfen, dass ich *kein* zages, feiges, in ihrem sogenannten Mädchenstolz gekränktes *Weibchen*, sondern wirklich die *Geliebte eines Dichters* bin, welch *gnadenreiches* Schicksal! Nimm sie, nimm, nimm sie, nimm sie, die Frieda!

Und die weißen, weit ausgespannten Flügel meiner ängstlichen Seele werden über dir, Geliebter, schirmend planen, auf dass dir kein Leid widerfahre, du mein Zartester!«

*

Lina: »Schau Gustl, sei lieb, diese Mitzi hat so ein schönes Handtascherl (beim Mayer, Juwelier, am Graben, in der Auslag' hängt noch g'rad so eins) von diesem Teppen bekommen wegen nix, nur so, kauf' mir auch eins einmal wegen nix! Und dann, was ich dir sagen wollt', wir könnten auch wieder einmal über'n Samstag auf den Semmering, Gott in der Stadt is es so fad, aber das neue lichte Gwand'l musst d' anziehen, sonst geh' ich nicht mit dir! Servus, Bubi!

P.S.

Du, und wenn die Bertha oben ist am Semmering, und dich wieder so anschaut, du weißt schon wie, gib ich ihr vor alle Leut' eine Ohrfeigen!«

SPLITTER

Schriftsteller sein *ist*, erst *während* des Schreibens seinen eigenen geistigen, seelischen Kulminationspunkt erreichen!

*

Als ich im »Hubertus-Hof« ein Reh sah, dachte ich: Der Rehbock ist doch anspruchsvoller in ästhetisch-sexueller Beziehung als die meisten sonstigen Männchen! Zarteste Glieder, kein Busen, Rehaugen, und anmutigste Bewegung!

*

Statt einem Lande aufzuhelfen, indem man seine armselige Pofelware in Grund und Boden verdammt, macht man es wie verblendete Mütter, die alle scheußlichen Ungezogenheiten ihrer Lieblinge bewundern!

*

Mit der ersparten Summe der Lebensenergien, die beim ewigen Salutieren verlorengehen, könnte man eine Schlacht gewinnen! Im übrigen Leben ist es gerade so!

*

Ehebruch ist es bereits, wenn jemand meiner Freundin, der ich ein Buch zur Lektüre wärmstens empfehle, sagt: »Es ist ein *Schmarr'n*! «

*

Ich habe ihr von ihrem 12. bis 16. Lebensjahre ein Gebäude der Seele, eine Kirche der Seele errichtet, und du willst es mit dem einen Worte: »Fräulein, was der Peter kann, kann ich auch! « zerstören, zunichte machen?!
Heide!
Und außerdem *kannst* du es nicht!

*

»Dieser Peter schreibt alles nieder, was ihm so durch den Kopf schießt! «
Ja, aber durch den *Kopf*!

BILD DER MENSCHHEIT

Wenn ein idealer Millionär der Kinderschutz- und Rettungsgesellschaft eine riesige Summe vermachen würde, damit das Malträtieren von armen Kindern aufhöre, würden sich Gesellschaften von Armen gründen, die die Kinder absichtlich malträtierten, um sie dadurch gut zu versorgen!

DER TOD

Ich verstehe nichts in Bezug auf die Nerven der Menschen; aber dieses eine verstehe ich am allerwenigsten: wie man hinüberkommen kann über den Verlust einer *geliebten* Frau, die man *so* oder *so* verloren! Das *begreife* ich nicht. Ihr Atem, der dir alle Bergeswiesen der Welt ersetzte, haucht dich nicht mehr an, beim Sprechen, Lachen oder Weinen! Der Duft ihrer Haut, ihrer Haare, ihrer Achselhöhlen, der dich berauschte, mehr als alle französischen Champagner der Welt, hat sich verflüchtigt!

Ihre Stimme, diese Musik der ganzen Erde, ist *für dich* verstummt. Sie klang melancholischer für dich als das Rauschen des Abendwindes im Tannenwald und als das Piepsen des ersten Vogels im Bergwald vor Sonnenaufgang. Die Musik der Welt ist dir verstummt! Die Schönheit der Erde ist dir zusammengebrochen wie Messina im Erdbeben. In deinem Inneren sind nur mehr Trümmerhaufen!

Alles, was sie tat, war dir die Anmut der Welt! Du brauchtest nicht die hunderttausend herrlichen Geschöpfe von Siam, Japan, Java, China!

Wenn sie ging, aufstand, sich setzte, sahest du sie alle! Nun ist die Welt ein Trümmerhaufen! Weshalb, weshalb willst du über das Allerwertvollste im Leben, *Sehnsucht und Schmerz*, hinüberkommen? Der Satte ist satt, aber der Verhungernde hat die Sehnsucht, die mehr nährt als die Speise, die er sich ersehnt!

Komme nie hinüber über den Verlust eines geliebten Frauenkörpers! Ihre Haut, die duftete, zerfällt wie verbranntes Papier, und ihr süßer Atem ist nicht mehr! Die Welt in dir liegt in Trümmerhaufen, wie Messina nach dem Erdbeben. Es gibt nur Leichen und Verwundete. *Trost* ist ein *Verbrechen*, das du *an dir* selbst begehst! Tröste dich *nie*!

WIE GENIES STERBEN

Lieber Karl Kraus! Ich unterschätzte manche der Übel nicht, die Ihre Feder bekämpft. Doch sind die alle greifbar, an den einzelnen Repräsentanten kenntlich, und der ahnungslose Wanderer ist bereits gewarnt.
Aber fassen wir einmal die Gesellschaft, der all Ihr Hassen gilt, dort an, wo sie ihre furchtbare Macht in täglichem Zerstörerwerk betätigt, wo sie nicht materielle und geistige Werte korrumpiert, sondern der Allgemeinheit das Beste, Tiefste und Notwendigste, was diese hat, entzieht: den genialen, vollkommenen Menschen, diese Ausnahme aller Ausnahmen auf Erden, in die Welt gesetzt, um alle anderen aus ihren Alltäglichkeiten zu reißen und ihnen einen unausgeführten Plan Gottes endlich in seiner letzten Vollendung zu zeigen!
Denken Sie sich, böse, egoistische Menschen hätten Beethoven in seinem 23. Jahre ermordet, körperlich und seelisch in Fetzen gerissen, zugrunde gerichtet … Er durfte aber leben, zum Wohle der Menschheit,

weil er als Mann seine heilige Organisation vor Schaden bewahren konnte. Sie wissen, dass es meine vom
»Normalmenschen« als krankhafte Schrulle verspot-
tete Lebensanschauung ist, der geistigen Genialität
des Mannes die ästhetische Genialität der Frau vollkommen gleichzustellen und ebenso die Wirkungen
dieser auf die Schar derjenigen, die in Unzulänglichkeiten dahinzuvegetieren verurteilt sind. So wie sich
die gesamte Menschheit gleichsam zu unerhörten
Mütterlichkeiten, Zartheiten und Rücksichten organi-
siert dem geistigen Genie gegenüber, so hat sie dieselben zärtlichen und mütterlichen Betreuungspflichten
gegen dieses gottähnliche Wesen »schöne und an-
mutreiche Frau«!

Was ich hier schreibe, ist Grabschrift und Anklageschrift.

Die schönste, genialste, sanfteste, kindlichste Frau,
die wie ein Gnadengeschenk des Schicksals in diese
hintrauernde Welt der Unvollkommenheiten gesen-
det ward, hat sterben müssen. Das Licht von Anmut
und süßer Menschlichkeit, das von ihr ausging, wurde
nicht – oder zu spät – von treuen, zärtlichen, brüder-
lichen, väterlichen Händen erhalten; die schändliche,
feige Satanskralle infamer Lebenskünstler durfte die
Lichtvolle in die dunkeln Abgründe reißen. Im labilen
Gleichgewichte einer künstlerischen Persönlichkeit
brauchte sie desto dringender an jedem Tage und
zu jeder Stunde tausend und abertausend selbstlose
Helfer und Betreuer! Statt ihrer findet eine solche

Ahnungslose, Unbewusste, an Abgründen ewig sorglos Heitere – Meuchelmörder, von sich selbst und mit ihrem eigenen bösen Reichtum gedungen! *Sie* bleiben immer wach, wachend über ihr eigenes Wohl, ewig bewusst, bewusst ihrer schurkischen Lüste, während die Kindliche, unbewacht, unbewusst, zum Opfer wird.

Ist denn nie in diesen grausamen Augenblicken ein väterliches Wort, eine freundschaftliche Gebärde da? Nirgends ein Weiser, der mahnend seine Stimme erhebt, nirgends ein Guter, der eine *Betäubte* auf starkem Retterarm von hinnen trüge?!
Alle Künstler, alle Adelsmenschen sollten trauern ob solcher Mordtat.
Die Zerstörerkräfte des geselligen Wien hatten ihre Wirkung getan, und es konnte dem künstlerischen Edelmann in der Fremde nicht mehr glücken, eine Begabung zu jenen Höhen zu geleiten, auf welchen ihrer die Verkörperung einer Adelheid, Rahel und Katharina harrte …
Fern der Stadt, welche sie als *Künstlerin* nie erkannt, sondern zum schönen Schaustück für die, so da unwürdig sind, zu schauen, erniedrigt hat, ist sie, 23 Jahre alt, gestorben. Und die Stadt, die sie nie verstand und nie erkannte, wusste ihr nichts anderes nachzurufen, ihr, der allen Künstlermenschen Teuersten, als eine schäbige Berechnung der angeblich von ihr »gesammelten«, also zusammengescharrten Juwelen. Nun, der Inhalt

dieser Schmucknotizen war erfunden und einer Lebensführung angepasst, die die ihre nicht war und nicht sein konnte und die dem gütigen Naturell fernlag, das nicht zum Sammeln, nur zum Verlieren geschaffen war! Wie merkwürdig, oh verblendete, irregeleitete Welt! Alles Edelrassige, Exzeptionelle hütest du sonst mit tausend Vorsichten und Kräften, hegst zitternd Sorge um aussterbende Bisons im Litauerwalde, um Pferd und Hund und ihre Reinerhaltung. Nur für dieses zarte, gebrechliche Wesen »genial-schöne Frau« hat die Erde keine Sorgfalt! Es vergehe, werde zerstört und sterbe hin!

Lieber Karl, ich habe diese Grab- und Anklageschrift Ihnen eingehändigt, weil Sie allein – es war in den ersten Heften der »Fackel« – die Erkenntnis fanden, dass diese Edle, Helle, Kindliche *mehr* sei als »Augenweide für ein Stammpublikum von Lebemännern«.
Sie starb in Schönheit – das heißt, unter der völligen Teilnahmslosigkeit der beteiligten Mörderkreise.
Annie Kalmar, ruhe in Frieden!
Peter Altenberg.
Wien, im Juni 1901.

EINE UNGLÜCKLICHE LIEBE

Liebe Bessie,
ich danke Ihnen sehr für Ihren Gruß aus der Ferne. Mr. Loos beschreibt mir Ihren Aufenthalt als ein wirkliches Paradies. Ich begreife es aber, dass die Einsamkeit und Verlassenheit Vieles wieder zerstören. – – Ganz reine, klare Luft und eine romantische Landschaft, mit Berg, Wald und See, ein zarter Frühling im strengen Winter, sind vielleicht heilsamer und besser als die Menschen, die sich ja doch alle noch nicht zu irgendeinem gesicherten inneren Frieden durchgerungen haben. Man schließt sich hoffnungsfreudig, erwartungsvoll, ja kindlich-menschenfreundlich an irgendjemanden an, und baldigst wird man tief, tief enttäuscht. Nichts, nichts entsprach unseren Erwartungen, und zärtlichst schließen wir uns wieder sogleich der edlen Einsamkeit der Natur, der Wälder, des Sees an! Oh Bessie, gedenken Sie derer, die in Winterkälte in Städten verkommen. Sie aber befinden sich in einem einsamen Paradiese zwar, aber Ihrer *kindlich-süßen* Persönlichkeit, Bessie, ist da alles mehr befreundet als die *Menschen*! Der Wald versteht Ihre Melancholien und Ihr kindliches bezauberndes Lächeln, er versteht Ihre edel-zarten Bewegungen; denn wenn es durch die Bäume rauscht, bewegen sich die zartesten Zweige ebenso – – –. Mr. Loos betreut und behütet Sie wie ein krankes Kindchen, verwandelt sich, wenn es nötig ist,

aus einem fanatisch-glühenden Liebhaber in einen
»sorgenvollen, selbstlosen Bruder«!
Zu dem allen haben Sie noch den Segen eines
Dichters – – –! Das wird Ihnen jedenfalls am wenigs-
ten nützen. Aber nevermind. Ich gedenke Ihrer in zärt-
lichster Freundschaft.
Peter.

FREUNDE

Mein Freund ist ein ganz dummer Kerl, *aber* ein guter
Kerl; wieso aber *aber*?! Das verschlimmert doch die
Situation. Denn wenn ein dummer Kerl ein schlechter
Kerl ist, dann kann man ihm an! Aber wenn ein *dummer* Kerl ein *guter* Kerl ist, dann muss man Mitleid
haben, und das erschwert die Situation. Denn alle sind
dann *gegen* einen und schreien: Du Hartherziger, du
Ungerechter, ja, du Schuft!
Und wirklich sieht es fast so aus. Daher ist »*gut* und
dumm« eine ungünstige Mischung eines Freundes,
während »schlecht und dumm« ganz annehmbar ist.
Denn wer *dumm* ist, *kann* gar nicht *gefährlich* schlecht
sein, dazu ist er ja zu dumm. Dumm und gut ist die
gefährlichste Mischung. Er hat die Dummen auf seiner
Seite, weil sie dumm sind, er hat die Guten auf seiner
Seite, weil sie gut sind, er hat die *Schlechten* auf seiner
Seite, weil sie sich freuen, dass einer dumm genug ist,
gut *und* dumm zu sein!

Gibt es denn aber nicht gescheite *und* gute Freunde?!
Nein, das kann es nicht geben. Denn wenn er *gescheit*
ist, kann er *seinen* Vorteil nie einen Augenblick lang
aus dem Auge verlieren. Daher kann er nicht auf den
anderen schauen, daher kann er das Glück des anderen nicht ununterbrochen im Auge behalten, daher
kann er nicht gut zu ihm sein.
Nur der Dumme *könnte* gut sein, und der ist *zu dumm*
dazu!

Splitter

Eine Frau hat nie zu sagen: »Ich kann *ihm* das nicht
antun!«, sondern: »Ich kann *mir* das nicht antun!«
Wirklich betrügt man nur *sich*, nie den *anderen*! Vor
allem *hat* man sich betrogen, wenn man einen nimmt,
den man überhaupt betrügen *könnte*!

*

In meinem Hotel bekomme ich verschiedene Ehren-
titel: Der scheinbar ehrendste ist: »Meister«. Weniger
bereits ist: »Herr Meister«, denn das sagt man auch
eventuell zu einem Schuster, obzwar es *auch* ein ganz
ehrsames Gewerbe ist, falls man es *meistert*. Unser
neuer Lohndiener sagt: »Herr Dichter«. Aber das
wunderbare Wäschermädchen, das jeden Dienstag
und Freitag kommt, die Hotel-Bettwäsche abzuholen,
sagt: »Herr Peter«. Oh, sagte sie doch einst: »Du, Peter,
du!«

*

Meine junge Nachbarin hat zwei Dachfenster voller Blumen. Die Art, wie sie sie pflegt, beweist mir, dass sie ihr einen ganzen Landaufenthalt ersetzen. Die, die vom Lande kommen, beweisen mir nicht, dass es ihnen zwei Gesimse voll Blumen ersetzt hat!

*

Frauen *gehen* schwanger – – – aber der Geist *ist* es, und gebiert *sogleich*!

*

Auch *Schiller* dichtete eigentlich *immer nur* diesen *Gegensatz*: *Ideale* und *Leben*! Aber er nahm tiefe *mythologische* Worte zu Hilfe, während *ich* mehr usuelle Worte bevorzuge!

FRAUENGUNST

Es ist verächtlich und tragisch-traurig, *wie* die reizendsten, intelligentesten Männer sich noch immer um Frauengunst bewerben! Wie feile Senatoren vor einem wahnwitzigen Cäsar! Nie erheben sie sich, ermannen sie sich zu der Heldengröße des Narren wenigstens, der seinem Gebieter die schrecklichsten Wahrheiten sagte, um *ihm* herauszuhelfen aus dem Abgrunde *seiner selbst*! Immer belassen sie, feig und knechtisch gesinnt, diese *Armseligste* in ihren zahlreichen Irrtümern über sich selbst und das Leben, wünschen nur für sich selbst rasch und bequem das herauszuschlagen, was herauszuschlagen ist! So keine Achtung vor *möglichen* Entwicklungen im Weibe! Sie in ihrer bodenlosen Einbildung und Eitelkeit belassend, statt sie zu organischer Bescheidenheit niederzwingend!?! Zu allem »ja« und »Amen« sagend, um ihre schwachen Nerven schmählich gefügig zu machen! Feile Senatoren!

»Ist diese Gürtelschnalle schön, die ich mir da gekauft habe, Peter?!?«

Der Königin-Narr: »Hoheit, es ist die gemeinste, ordinärste und konventionellste Gürtelschnalle, die es gibt! Sie *auszuwählen* unter hunderten ist die *Genialität der Schlechtrassigkeit*, die ihr schäbiges Objekt stets *sicher* herausfindet unter allen wertvolleren!«

Nichts ist schwerer, als einer vergötterten Frau eine unangenehme Wahrheit zu sagen, die ihr erst viel später zugute käme. Denn die *Konkurrenten* arbeiten mit »unlauteren Mitteln«, die rasch und sicher wirken, wenn auch für die Zukunft bedeutungslos oder sogar verderblich. Eine Frau *genug lieb* haben, um es sich *ihr zuliebe* mit ihr zu verderben, ist die Sache einiger weniger »*Helden der Seele*«!

SPLITTER

Ich darf eine Frau *nie, nie, nie* spüren, außer wenn ich sie spüren *will*! Ich heiße nämlich *Altenberg* und nicht *Strindberg*!

*

Frauen finden immer ein Logis bei dem *nächstniedrigeren* Manne. Daher kann sie der nächsthöhere nie hinauferziehen! – –

*

Als mein Vater endlich, mit 63 Jahren, ganz zugrunde gegangen war und nicht mehr Trabukos zu 18 Heller, sondern nur mehr Kuba zu 12 Heller rauchen durfte, sagte er: »Nun habe ich auch noch das *Glück des Sich-Beschränkens* kennengelernt!«

*

Meine kleine Freundin vom »Apollotheater« klebte über den Spiegel in ihrer Garderobe meine Ansichtskarte: »Ein Baum mit Apfelblüten soll dich bereits tief beglücken können! Schaue nicht gespannt erst aus, ob ein Lohengrin in silberner Rüstung zu dir heranschwimmt!«
Da sagten ihre »*Kolleginnen*«: »Was hast von an Apfelbaum?!«

*

Stolz der Sechzehnjährigen: »Na ja, schön war s' amal, das sieht man ihr noch an, aber heut' mit ihre Dreiundzwanzig am Buckel!?«

VERDACHT

Er hatte sie irgendwo, in einem Garten, gesehen. Er war so entzückt, denn sie sah aus wie eine 17-jährige Franziska P., die erst 9 Jahre alt war. Als sie in seinem Zimmer auf dem Sofa saß, *musste* er hinausgehen momentan, obzwar seine Brieftasche neben dem Kopfpolster lag. Er nahm sie ungeschickt-gleichgültig-verlegen an sich. Als er hereinkam, sagte sie: »Ich hätte Ihnen nichts herausgenommen!«

»Wie konnte ich es wissen?!«

»Da haben Sie recht! Das *konnten* Sie nicht wissen! Aber bitte, könnten Sie sich nicht eine vorstellen, bei der Sie es wissen *könnten* oder sich einredeten, es zu wissen?!«

»Ja, allerdings!«

»Nehmen Sie von nun an nur *eine solche* in Ihr Zimmer mit oder sogar ins ganze Leben!«

SCHMETTERLINGE

Wenn ein Liguster darüber besonders erfreut wäre, dass der Ligusterschwärmer *gerade ihn* bevorzugte, so wäre es *nur* blöd eingebildet von ihm. Denn der Ligusterschwärmer »fliegt« des Abends auf *alle* Liguster *ohne* Unterschied. Wenn er einen *bestimmten* wegen seiner exzeptionellen Konstitution bevorzugen würde – – –, dann ja! Aber das tut er nicht. Das kommt nur in »schlechten Romanen« vor. Wenn ein einzelner

Liguster-Strauch sich *das* einredet, *tant pis*! Was kann der arme Ligusterschwärmer dafür?! Er »fliegt« auf *alle*! Freilich, wenn kein anderer Liguster da ist, weit und breit, *dann* fliegt er natürlich auf den *einen*, der gerade da ist!

Vita ipsa

Anhänglichkeit

Die Frau, die uns *ernstlich* lieb hat, will es bei uns *durchsetzen*, dass das allein uns glücklich mache.

Sie spürt es, dass ihre ganze Anhänglichkeit nur *dann* einen *Sinn* habe – – –.

Sonst wäre es eben leider *Zudringlichkeit*. Wie macht sie es also?!

»Du scheinst gar nicht so besonders erfreut zu sein, Max!, dass ich um eine Stunde früher gekommen bin?!?«

»O ja, sehr.«

»O ja sehr, heißt gar nichts. Ich kann ja übrigens weggehen und *erst* in einer Stunde wiederkommen – – –.«

»Nein, bleibe nur da.«

»Ich kann auch gar nicht mehr wiederkommen!?«

Pause.

»Ich *weiß* jemanden, der sehr froh wäre, wenn ich ihm jetzt im Café eine Stunde meiner Zeit schenkte!«

Pause.

»Nein, das lasse ich mir nicht mehr gefallen! Bin ich eine ›zudringliche‹ Person?! Ich glaubte, *du* brauchest *mich*?! Du, sei gut und lieb, was hast du denn dann von mir, wenn du dich gar nicht auf mich freust?! Das ist doch nur dein eigener Schaden! Geh' Maxl, freu' dich über mich!«

DAS BENEHMEN

Dein Benehmen, Mädchen, sei *ja keine* mühselig (müh-unselig) anerzogene, anerzwungene Sache, die hinwegtäuscht über innerliche Mängel! Das Benehmen sei ein *natürlicher* Außen-Spiegel aller deiner verborgenen inneren Werte selbst! Dein Lächeln zum Beispiel beim Begrüßen sei der Spiegel deiner reinen, liebenswürdigen, zarten, menschenfreundlichen, noch ungetrübten Mädchenseele! Fürchte nicht, dadurch in jemandem falsche und lächerliche Hoffnungen zu erwecken, Mädchen! Wer es nicht auffasst, *so wie es gespendet* wird, der ist ein *Unhold*, ein *Eitelkeits-Hund*! Er werde grausam enttäuscht durch deine baldigst eintretende *Frostigkeit* im gewöhnlichen Verkehre. Wer *liebenswürdiges Verhalten* persönlich deutet als »*Eroberung*«, ist ein *eitles Vieh*! Lasset euch, zarte Mädchenseelen, nicht kopfscheu machen, lasset euer ungetrübtes zartes Innerstes nach außen widerspiegeln als *liebenswürdiges Benehmen* und straft *jene* mit unnachsichtlicher *Verachtung*, die eure zarten Menschlichkeiten blöd-frech *missverstehen*! Aber lasset euch durch solche Teufel die natürliche Liebenswürdigkeit eurer Unverdorbenheiten nicht rauben! Besieget sie, indem ihr *unwandelbar* liebenswürdig bleibt!

ANERKENNUNGEN

Welche Anerkennung ich mir erwünsche?!
Dass in hundert Jahren die Leute sagen: »Wenn der Altenberg damals nicht gewesen wäre, stünden wir heute noch dort, wo unsere Großeltern standen!«

*

»Peter, Sie sind ein Narr, der zum *Nachdenken* zwingt – – – über die *eigenen* Narrheiten!«

*

»Peter, *mit dir* zu leben ist unmöglich, aber *ohne dich* zu leben *noch unmöglicher*!«

DIE MASKE

Es gibt Leute, die sich über sich selbst lustig machen, das sind die *allerärgsten*, sie glauben, sich auf diese raffinierte Art der Verpflichtung zu entziehen, sich zu *bessern*, sich zu ändern!
»Aber Sie selbst, mein lieber Peter – – –?!«
»Ich mache mich nie lustig über mich selbst, sondern ich stelle mich nur hie und da auf *den* Standpunkt, von wo aus die *anderen* mich betrachten und beurteilen, um ihnen es zu beweisen, *was für* Schafsköpfe sie sind! Oder, mitleidiger gesprochen, ich *erniedrige* mich selbst, damit sie besser *heruntersehen* können, wie ich eigentlich – – – nicht bin!«

Ein König trug in königlicher Laune einem Bettler
das »*Du*« an. Da erkannte der Bettler erst, dass er ein
Bettler sei!

Mein Begräbnis

Also das mit den Kränzen und Inschriften in Gold
heißt nichts, es kostet viel Geld, und, wenn ich es
recht bedenke, so sehr es mich ehrt, ich habe eigentlich nichts mehr davon. Es ist mehr für die »An-
gehörigen«, für die »Hinterbliebenen«. Ich bin also
für *Kranz-Ablösungs-Spenden*, radikal. Aber so ein
nackter, undekorierter Sarg anderseits taugt auch
nichts. Da friert die ohnedies kalte Leiche direkt in
ihrem engen Sarge. Daher bin ich, wie alle geschei-
ten Leute, für einen »Mittelweg«. Man lasse schöne
einfache Kartons mit schwarzem breitem Rande dru-
cken, aufgehängt an schwarzen seidenen Kordonett-
Schnüren um den ganzen Sarg herum, auf denen
stehe in deutlichen Lettern: Statt eines Kranzes, für
die Wiener Kinderschutz- und Rettungsgesellschaft:
Das »Prager Tagblatt« so und so viel, »Die Dame,
Berlin«, »S. Fischer, Verleger, Berlin«, »Ewig Deiner
gedenkend, Anna P.«, »Meinem Dichter, Sofie G.«.
Dann bitte ich, damit eine *Abwechslung* sei, dass *jene
großen Wiener Zeitungen*, die *deshalb* keine Kranz-
Ablösungs-Spenden spenden, weil sie auch nie Krän-
ze gespendet hätten, mir hübsch große Strohkränze,
mit altem Spagat verschnürt, dazwischenhängen,

denn man soll doch im Tode wenigstens genau wissen, wie jeder zu einem im Leben gestanden hat!? Ergebenst der Gestorbene.

Frühling

Sie war ungefähr 9 Jahre alt, sah aus wie ein Bub, hatte ideale nackte Beine, einen kurzen weiten Matrosenmantel mit leider goldenen Knöpfen. Sie legte ein viereckiges Stückchen mitgebrachten braunen Pappendeckels vor sich hin, schob es, auf einem Beine hüpfend, durch leisen Stoß sanft weiter. Ihre Anmut dabei übertraf die aller modernen schlanken Tänzerinnen. Sie kam direkt »aus der Schule der Natur«, war also deshalb absolvierte moderne Tänzerin! Sie hatte noch weder Ehrgeiz noch Lernbegier, noch die Sehnsucht, andere zu übertreffen, geschweige denn Geld zu verdienen und sich demnächst sogar zur verdienten Ruhe zu setzen! Sie wollte auch noch nicht Chopin, Opus 5, tanzen, sie wollte ein belangloses viereckiges Stückchen braunen mitgebrachten Pappendeckels sanft vorwärtsstoßen, auf einem Beine hüpfend. Und es gelang, in höchster Anmut. Niemand beobachtete ihre Herrlichkeiten, und der, der sie beobachtete und dieses schreibt, den konnte sie nicht sehen. Endlich sah sie ihn dennoch. Sie errötete, nahm ihr viereckiges braunes Pappendeckelstückchen vom Boden auf und entschwand.

Splitter

»Machen Sie mir *dasselbe* Speisezimmer wie der Frau Müller, *nur* teurer!«

*

»*Wohnlich*« ist der Dachs-Bau, der Bienen-Korb, der Ameisen-Haufen, aber *nicht* die modernen Wohnungen!

*

Das Wort »Prunk« darf nie aus der Welt geschafft werden: *prunke* mit Einfachheit.

*

»Was dieses Mädel mit ihren paar armseligen Vasen im Kristall-Kasten treibt, jetzt hat sie jeder einen Namen gegeben: *Coelum*, weil sie blau ist, *Tschechoff*, weil das ihr *Dichter* ist, *Karsawina*, weil es die Holdeste ist, *Isenbart*, weil es ihre Lieblingsbirne ist, kurz, *hysterisch*!«
» Vielleicht hat sie ihre Vasen *lieb*?!«
»Ich sage ja, hysterisch!«

*

Wenn dich jemand durch irgendetwas Richtiges »*beschämt*«, bleibt dir nichts anderes übrig, als dich an ihm dafür zu *rächen*!

*

»Wie ist Ihr Zimmer ›eingerichtet‹?!«
»Es stehen Tag und Nacht die Fenster weit offen!«

LIEBESERKLÄRUNG

Oh, Max, ich möchte für dich *alles, alles* sein, oh Max!
Aber wenn ich dann endlich für dich wirklich *alles*
wäre, würde mir *dieser* Zustand des Für-dich-*alles*-sein
allmählich *langweilig* werden!
Weshalb?! Weil du nur ein *Max* bist!
Vielleicht sogar nur ein *Maxl*.
Dich *erringen*, ist *vorläufig* meine reelle, unentrinnbare
Sehnsucht. Was kann *ich* dafür?!
Aber *weshalb* ich gerade *dich* gewinnen muss?! *Wahr-
scheinlich*, weil ich dich *noch nicht* gewonnen *habe*!
Denn *hätt'* ich dich, so *hätt'* ich dich nicht mehr! Drum,
Maxl, pardon, Max, *lasse* dich von mir gewinnen!
Je schneller es geschieht, desto *schneller* bist du mich
armes Mistviech *los*!

ERINNERUNGEN

Erinnerungen? Ich soll, ich will Erinnerungen auf-
zeichnen und weiß, dass alles in meinem einfachenviel-
fachen Dasein ganz *gleichförmig* war. Meine Uransicht,
dass diese Maschinerie »Mensch« die Möglichkeiten
in sich tief verborgen trage, irgend einmal ein gott-
ähnliches Wesen zu werden, und dass Goethe, Schiller,
Beethoven, Mozart, Schubert usw. nur Vorläufer oder
eigentlich nur »schöne, einleuchtende, ergreifende
Beispiele« einer solchen Möglichkeit, wenigstens nach
einer Richtung hin, vorstellten, um zu zeigen, wie weit

es diese »Maschinerie« Mensch in irgendeiner Sphäre von Betätigung also wirklich bringen könne, diese Uransicht hatte ich schon fast im Gymnasium. Und heute ist sie noch immer meine unzerstörbare Religion geblieben! Die Genies freilich haben es leicht hienieden, sie sind zu höherer Entwicklung bereits *vor*-ausgestattet. Aber wir können, müssen ihnen, wenn auch auf den langsameren Wegen hygienisch-diätetischer Lebensweise, nachzukriechen, nachzuklettern versuchen auf die Höhen des Lebendigseins! Also darin habe ich mich in nichts verändert und entwickelt. Womit also auftischen?! Mädchen habe ich von meinem frühesten Kindesalter an unter bitteren Tränen verehrt wegen nichts. Ich hob mir Haarnadeln aus ihren lieben, duftenden, verehrten Haaren auf, ich stahl Gläser, aus denen sie getrunken hatten, ich schrieb mir in einem Notizbuch auf, mit Datum: »Heute sie gesehen, ¼ 11 Uhr vormittags, Ecke Spiegelgasse.«

Sie werden hoffentlich erwarten, dass ich mich seitdem gründlich, aber schon recht gründlich, in meinem Charakter verändert habe?!? Keine Spur. Ich hin der alte Esel geblieben, leider Gott sei Dank. Richard Wagner war stets und ist heute noch mein Abgott in musicalibus geblieben. Von den Weiterentwicklern sage ich nichts, nicht *ich* verstehe *sie* nicht, sondern *sie* verstehen *mich* nicht, aber schon gar nicht! Auch in der Lyrik ist es so. Und wenn man mich vor zwanzig Jahren für verrückt hielt, ist das gar kein Grund für andere, jetzt absichtlich verblödete Gedichte zu schreiben! Man wird ihnen nicht die Ehre antun, sie für Verrückte zu halten, sondern hoffentlich für allzu wissentliche Gauner! *Ihre* Devise ist: »Man wird sich in unserem Geschreibsel schon nicht zurechtfinden!« Ich war stets ein »ehrlicher Kauz«, aber Kauz *und* unehrlich, das ist denn doch zu viel!

Meine ökonomischen Verhältnisse waren, so lange man mir im Vaterhause alles bezahlte, recht günstige. Aber sobald die sogenannte schreckliche Selbständigkeit begann, haperte es an allen Ecken und Enden. Ich bin für Selbständigkeit, für äußerste Selbständigkeit, aber *bezahlen* soll *das* der *andere*! Nur der Künstler hat die ehrliche Ausrede, sich nichts verdienen zu müssen mit seinen Betätigungen. Und er hat ein Recht auf diese Ausrede. Weil er ein Künstler ist. Meistens ist es nur, weil er keinen reichen oder vermögenden Papa gehabt hat. Denn dann *hätte* er keine Ausrede mehr, besonders wenn er gar kein Künstler *ist*. Das ist dann sehr traurig für ihn.

So also schauen meine Lebenserinnerungen aus, mit denen ich in einem großen Blatte aufwarten soll?!? Ich sage es ja immer: Dieser P. A. ist nur für *Momenteindrücke* auf die Welt gekommen!

SPLITTER (IN EIGENER SACHE)

Die Distanz spüren und einhalten zwischen mir und euch, wäre das *tiefste* Zeugnis *eurer* eigenen Kultur! Aber *das* eben könnt ihr euch nicht ausstellen – – deshalb klopft ihr mir lächelnd familiär auf die Schulter! Brrr.

*

Jemand sagte zu mir: »Haben Sie Ihre Paula eigentlich gern?!«

»*Eigentlich* nicht, nämlich nicht so, wie Sie es unter ›*eigentlich*‹ verstehen!«

Die Menschen zwingen mich liebevoll in das Prokrustesbett ihres eigenen Denkens, und wenn ich dann »Au!« seufze, sagen sie: *Undankbarer*!

*

Wirklich lernen kann man *nur* das, was man schon wusste, *bevor* man es gelernt hat! Man wird nämlich allmählich »*aufmerksam gemacht*« im Trubel des Lebens!

*

Die schlechtesten Früchte sind es nicht, an denen die Karl K…. nagen! Oft *sind* es aber die schlechtesten! Er hat ein geniales Zartgefühl für *Unreelles* im Leben.

*

K. K. – – Mundus?!
Etsch!
Noch lange nicht!
Ein *geniales* Teilchen!

*

Das Verhängnis, ja die *Tragik* so manchen Frauenschicksals: »Wie ich bin, so bin ich nun einmal! Wem's nicht recht ist, der mache sich's anders (statt: der mache *mich* anders)!«

*

Sei nicht froh darüber, dass die Menschen dir ununterbrochen Gelegenheit geben, ihre Schändlichkeiten, Eitelkeiten, Hochnäsigkeiten, Vorurteile, Lebenslügen, Stupiditäten zu bekämpfen oder wenigstens lächerlich zu machen (K. K.), sondern sei traurig darüber, dass es noch immer so oft *notwendig* ist (P. A.)!

*

Moderne Architekten: Er richtete ihr die Wohnung ziemlich teuer ein, damit sie bequem lebe? Er richtete ihr die Wohnung ziemlich teuer ein, damit *er* bequem lebe!

LANDEINDRÜCKE

Ein Mensch, der sich einredet, hohe Trinkgelder durch besonders liebenswürdiges Benehmen und »sich *sogar* einlassen« in Gespräche detaillierter Natur ersetzen zu können, ist nur – ein frecher geiziger Narr!
Sei arrogant, aber *zahle* menschenfreundlichst!

*

Es gibt Menschen, die nicht das Recht haben, von Bergalmen zu schwärmen; »Gott, schön war es da droben!« ist eine Beleidigung *aller*, für die es dort oben schön war!

*

Architekt Pr. sagte zu mir: »Um Gottes willen, schreiben Sie uns nur keine Hymne auf diesen Ort! Die, die ihn erkannt haben, sind schon seit langen Jahren da Sommergäste, und die, die durch Sie erst *aufmerksam* gemacht werden, *verschandeln* ihn!«
Als mir jemand detailliert vorschwärmte von einer 1000 Meter hoch gelegenen einsamen Alm, sagte ich: »Ich war auf einer viel schöneren, dem Gärtchen gleich hinterm Hotel!«

*

Wir sahen gestern Nachmittag am Waldabhange im Gebüsche einen *Zaunkönig*, der sich durch unser Sprechen nicht stören ließ. Meine Freundin sagte: »Ich glaube, es ist das einzige Lebewesen in dieser Welt, dem niemand etwas zuleide tun möchte!«

Splitter

Besitz mordet – – – die *Sehnsucht* nach dem Besitze!

*

Wenn sie *nicht* kommt, *kann* sie, *könnte* sie dennoch *noch* kommen. Wenn sie da ist, nicht mehr. Dann *ist sie da*!

WIE ICH MIR KARL KRAUS »GEWANN«

Ich war damals, 1894, der »reine Niemand«, obzwar ich damals schon ebenso exzentrisch mich kleidete wie heute. Wir trafen uns in Ebensee, und auf dem Wege nach Traunkirchen begann ich aus Langeweile den »Heini von Steyer« zu singen, Text von Gottfried Keller, Musik von Engelsberg. Dadurch gewann ich mir sofort den sonst Ungewinnbaren. Später schickte er hinter meinem Rücken die in Nachtkästchen, Tischlade, Kleiderkiste etc. etc. verstreut liegenden Manuskripte meines ersten Buches *Wie ich es sehe* an den ersten Verleger Deutschlands in modernibus, S. Fischer, Berlin. Ob er es *nur* tat, um zu erweisen, dass die *anderen* keine *Echten* seien, weiß ich nicht. Aber möglich wäre es immerhin bei seiner aggressiven Gesinnungsart. Er war für mich, weil ich »echt« bin. *Jeder* hält sich für »echt«, versteht den riesigen Unterschied gar nicht zwischen »echt« und »unecht«. Keinerlei Konzessionen machen *können*, selbst wenn es einem noch so sehr schadet, bei der Frau, bei den Vorgesetzten, im Leben überhaupt, ein »Gerade-Schreiter« sein hinein in den eventuellen Abgrund seines eigenen, von Natur aus teilweise vorbestimmten Schicksals, heißt »ein Echter« sein! Den immanenten Selbsterhaltungstrieb überwinden können durch eine Art von »höherer Leitung« seines armseligen Lebens (siehe die sozialdemokratischen *echten* Geleiter der Menschheit), heißt »ein Echter« sein! *Ambitiöse*, nach irgendeiner Richtung hin, sind *niemals* »Echte«. Ich könnte infolgedessen ganze Familien brandmarken und als »Unechte« deklarieren, wenn ich dazu nicht zu verständnisvoll wäre für diesen Krebs der Seele: Eitelkeit und Ehrgeiz und Versuch, *Schlechtrassigkeit* durch äußeren Prunk zu *verwischen*! Ich kenne euch alle, die ihr *vorzeitig*, kopflos, unbedacht, eurem Selbsterhaltungstriebe unvernünftige, schlecht berechnete, falsch berechnete Opfer gebracht habt, sei es ökonomisch, in puncto Liebe, sozial oder irgendwie. Euch zu bedauern wäre unphilosophisch. Denn Gott bestraft *jeden* Mangel an »Geist und Seele« schon hienieden gerecht nachsichtslos Gott sei Dank irgendwie!

Das Wesentliche der »Ablenkung«

Wissen Sie, was »Ablenkung« ist? Es ist etwas Schreckliches, Gefahrvolles, unstet Machendes, charakterlos Machendes, es ist mit einem Wort etwas *Künstlerisches*! Bilde dir nichts darauf ein, es ist eher ein Verhängnis, im Großen und Ganzen genommen, wenn wir nämlich *genau* Buch führen über unser Leben, als ein Vorteil. Zum Beispiel du konzentrierst dein begeistertes, sagen wir »romantischbegeistertes« Auge auf die süße liebliche Wirkung der Lindenblüte. Du bist nahe daran sogar, dadurch zum Dichter zu werden, wir wollen nicht hoffen, dass du es ausführst, aber innerlich, in der Anlage, bist du nahe daran. Nun erblickst du plötzlich daneben den riesigen hellgrünen *Acer Dasycarpus* mit seinen zartgefiederten Blättchen. Aus ist es mit *Tilia rotundifolia*, aus! Wo bleibt die Dichtung, wo bleibt die Impression, wo bleibt, was *einst*, vor einer *Minute* noch, war?! Das ist das unholde und dennoch in gewisser Beziehung wieder nützliche und direkt vorteilhafte Wesen der »Ablenkung«. Erstrecke das auf andere Gebiete des Empfindens als auf Bäume, zum Beispiel auf Frauen oder, was weiß ich: Ablenkung von irgendetwas ist eine heilsame und *zugleich* unheilsame Ablenkung! Wer daran Kräfte, innere, geistig-seelische Lebenskräfte *gewinnt*, topp! Wer dadurch geschwächt, zersplittert, zerfahren wird, *nichttopp*! Das muss doch jeder Erwachsene um Gottes willen endlich, wenn nicht sogleich mit 15 und 16, wissen, ob er sich »konzentrieren« oder »dezentralisieren« will, soll, hienieden!? Letzteres nennt man »künstlerische Veranlagung«. Weshalb?! Weil aus einem solchen Zustande von Nichtgebundensein durch etwas Bestimmtes, sogar Frau und Kind, oft für die *Fremden* etwas ganz Wertvolles herauskommt! Nichtgebundensein durch irgendetwas Bestimmtes hienieden, ja, Skribler, leicht schreibst du es so hin! Aber diese Kerle haben Ehrgeiz, Eitelkeit und Geldgier, vor allem Eitelkeit, diesen Krebs der Seele! Sind sie also nicht gebunden durch sich selbst, wenn sie auch sonst noch so schuftig-freie Don Juans und außerhalb von Gut und Böse wären!? Nicht-gebunden-Sein heißt für den anständigen Künstler nur:

tausendfach mehr als alle anderen gebunden sein durch höhere, anständigere Anständigkeit! Freier denken und empfinden dürfen, weil man Gottes Ratschläge eben mehr befolgt! »Im Trüben Fischende« seien gemieden und verdammt!

APHORISMUS

Die meisten Menschen halten es mitten in einem Weltkriege für *nicht gar so wichtig*, ob die Schauspielerin Lucie Höflich eine besondere schlichte »Naturkraft« sei! Aber wichtig ist es, bei dieser vielleicht unwichtigen Gelegenheit *schlicht* zu konstatieren, dass die meisten anderen *keine* Naturkräfte sind!

SPLITTER

Zeige mir deine Auserwählte – – – und ich werde dir sagen, *wer* du bist!
Nein, ich werde es dir *nicht* sagen, denn ich bin meistens doch zu feinfühlig dazu!

*

Wenn man Menschen gutmütig-gerecht behandelt, so »übernehmen« sie sich, werden frech. Wenn man sie ungutmütig-ungerecht behandelt, so hassen sie uns. Ist da nicht die »Tonne« das beste, sicherste Logis?!

*

Diogenes

Je kultivierter man ist, *desto mehr* Konzessionen macht man *unwillkürlich* sanftmütig verständnisvoll den *weniger* Kultivierten. Infolgedessen sagen diese: »Sehen Sie, wie sogar *er* ganz *meiner* Ansicht ist?!«

SPLITTERCHEN

Hässliche Menschen bilden von selbst, ob sie wollen oder nicht, eine Liga gegen schöne Menschen. Schöne Menschen bilden nie eine Liga, sie stehen einzeln unter dem Schutze der gnädigen Natur!

*

Wenn Paula ein schönes Kind bewundert, nimmt sie mir gleichsam *meine* Bewunderung ab, nimmt mir die Bürde des Bewunderns liebevoll ab. Wenn *andere* scheinbar dasselbe tun, *bestehlen* sie mich frech!

BLUMEN

»Weshalb, Anna, ist Ihnen dieser Mann, der Ihnen so zart entgegenkommt, so *entgegen*?! Er sendet doch zum Beispiel so liebliche Blumen!?«
»Liebliche Blumen?! Auf Draht gebundene oder zu einem engen Strauß zusammengepresste! Also kein Verständnis dafür, mir die Freude an den Blumen, die er schenkt, mindestens acht Tage lang zu verlängern! Die geschenkten Blumen sollen einfach *ihm* nützen

in meiner Seele! Wie schenkt P. A. Blumen?! *Einzelne langstielige*, und vorerst eine Blumenschere, um sie täglich schief ein bisschen zu kürzen! Als ich die Blumenschere erhielt, wusste ich bereits alles über seine Seele! «

»Erzählen Sie, Anna, diese Sache niemandem, sonst bekommen alle Hunde einen ›Typ‹, wie man es nunmehr anstellen soll! «

»Das macht nichts. Sie werden sich schon irgendwo anders hundertmal ›in ihre falschen Karten schauen lassen‹! «

De Amore

Wenn man liebt, ist einem kein Weg *zu weit*! Aber »Meidling bei Wien« ist ja *doch* zu weit.

Wie lange fährt die Tramway?! Endlos.

Wenn man liebt, ist einem kein Geld zu *viel*.

Aber »Vorspeise« und »Kompott« und »Käse« ist *zuviel*.

Wenn man liebt, langweilt man sich nie!

Aber wenn man sich doch langweilt?!?

Wenn man liebt, gefällt einem keine *andere*.

Wer hat diesen verlogenen verfluchten Satz aufgestellt?!?

Wenn man liebt, ist man ganz *verwandelt*.

Das ist richtig, früher war man ein gescheiter netter geriebener Bursche!

Wenn man liebt, wird man eifersüchtig.

Und das ist das schrecklichste, ärger als Bauch-
schmerzen!

DAS WIEGENLIED

Frauen sind wie kleine zarte Kindchen,
immer schreien sie gleich »habäh«
nach etwas, was sie haben möchten,
sei es nach einem Hut, sei es nach einer Seele!
Hut kann ich dir, falls ich Geld genug habe, leichter
kaufen,
aber Seele?!
Drum, Püppchen, verlange nicht immer mit ängst-
lichem *inneren* Geschrei, das ich *dennoch* stets höre,
dass ich mich Tag und Nacht lang nach dir sehnen
solle!
Ich sehne mich ja sowieso hie und da, aber es ängstlich
verlangen?! Da kauf' ich dir doch lieber einen neuen
Hut!

EWIGE PUBERTÄT

Gestern, zwischen 5 und 7 abends,
sah ich ein Kind von ungefähr elf Jahren
im Volksgarten, mit wasserblauen Augen,
brauner Hautfarbe, schlank-elastisch, überschlank sogar. Überschlank *gibt es nicht*!
Da wusste ich, man ist erst dann ein Dichter,
wenn man *so* begeistert ist, dass man es

nicht mehr in *irgendwelche* noch so apartmoderne Worte umsetzen kann für die anderen, obzwar man es ihnen dennoch mitteilen möchte.

Die Grenzen ausdrückbarer Begeisterungen sind erreicht; man fühlt, dass man trotz seinem leider allen augenscheinlichen Alter

derselbe geblieben ist wie mit 17 Jahren.

Man möchte die Lieblichste behüten und betreuen.

Doch wie?!

Lächerlich, sie hat ihre gebildete Gouvernante, einen schönen Ball und ihre Lieblingsbücher; und hundert Tanten und Onkel verwöhnen sie blöd kolossal.

Dass du ihr eben *nichts* zu bieten hast,

wie eh und je, war es denn früher anders?!,

ja, dass du *ausgeschlossen* bist aus dem Kreise ihres süßen Seins,

das kränkt dich, Alternden, heute so wie mit 17 Jahren.

Du bist und bleibst *verwaist*.

Du möchtest ihr zum Beispiel die »Bibliothèque rose« der Madame de Ségure, née Rostopchine, zu Füßen legen, deine »*Kinder-Bibeln*«, »Les vacances«, »Les bons enfants«, »Les malheurs de Sophie«, »Gribouille«, »Mémoires d'un âne«, »Les petites filles modèles«,

aber du darfst es nicht, würdest dich lächerlich machen, wie eh und je.

Wann also macht man sich *nicht* lächerlich, wenn man begeistert ist?!?

Nie! Nur der ewig »*Nüchterne im Leben*« behält Anstand,
Würde und Selbstzucht! In jeglicher Situation. *Pfui!*

BEZIEHUNGEN

Es gibt Beziehungen, die halten ewig,
fragt mich doch nicht indiskret, wieso, wodurch, weswegen?!
Es gibt so viele *Schwächen* im schwachen Menschen,
im *starken* Menschen aber noch viel *schwächere!*
Es gibt Beziehungen, die halten, halten, halten, und
plötzlich, eines Tages, einer Stunde, einer Minute, ist es
aus! Aus, aus, aus!
»Denn allzu straff gespannt, zerbricht der Bogen! «
Ist es von Schiller, ist es von Goethe, gleichviel, es ist
wahr!
Es gibt aber Beziehungen, die »*bröckeln ab*«, *unmerklich, seltsam* unmerklich, *mysteriös* unmerklich, *schauerlich* unmerklich!
Sie bröckeln ab, bis die »*Ruine deiner Seele*« dasteht
und ihrer Seele,
eurer beiden Seelen,
und ihr nicht mehr wisst, dass es einst ein *Palast* war,
bequem und herrlich und erbaut aus euren Seelen wie
für *Ewigkeiten!*
Es gibt Beziehungen, die »*bröckeln ab*«:
Das sind die *tragischesten.* Denn gerade diese hätten
naturgemäß bestehen bleiben sollen!

Mein Lebensabend

Erinnerungen

Ich soll für ein großes Blatt meine »*Memoiren*« schreiben. Ja, sind denn nicht alle diese tausend Impressionen in meinen neun Büchern bereits meine »Memoiren?« Ach, Sie meinen zum Beispiel so:

Es waren einmal zwei gutsituierte hübsche Brüder, die einen Engros-Handel mit kroatischer Bauernware hatten. Es war im Jahre 1857. Da begab es sich, dass die beiden eleganten Brüder in Wien auf einem »Eliteball« waren, wo zwei Schwestern ob ihrer Schönheit dem Erzherzog Karl Ludwig vorgestellt wurden. Um die *Jüngere* hielt nun der *jüngere* Bruder am nächsten Vormittag an. »Ja, mein lieber Herr, das wäre ja ganz prächtig, denn Sie sind wohlsituiert, und unsere Töchter besitzen nur ihre Schönheit. Aber vor Hermine muss Pauline, die ältere, Achtzehnjährige, verlobt sein!« Da ging der jüngere Bruder denn hin zu dem älteren Bruder und erzählte ihm diese Angelegenheit. Da sagte der ältere Bruder: »Ich darf deinem Glück nicht im Weg stehen, Pauline ist ebenso schön wie deine Hermine, ich werde heute noch mich mit ihr verloben!« Dieser ritterlichen Bruderliebe verdanke ich meine Anwesenheit auf Erden! Meine Mama hieß *Pauline*.

Matura

Interessiert es Sie, dass ich bei der »Matura« im Wiener »Akademischen Gymnasium« für meinen Aufsatz: »Inwiefern ist ›Iphigenie‹ von Goethe ein ›deutsches‹ Drama?!« »ganz ungenügend« erhielt? Sie glauben doch hoffentlich nicht, dass ich heute, nach vierzig Jahren, *nicht* bei diesem Thema durchfiele! Die anderen, meine werten, eigentlich unwerten Kollegen, *merkten* sich einfach alles, was man ihnen so im Laufe der »Oktava« darüber *beigebracht* hatte! Ich aber hörte nie zu. Denn »Iphigenie« gefiel mir aufrichtig, aber »*inwiefern*« interessierte mich nicht. Nach einem halben Jahre musste ich im »Theresianischen Gymnasium« die Prüfung wiederholen.

Das Thema des »Deutschen Aufsatzes« lautete diesmal: »*Einfluss* der Entdeckung Amerikas auf die *Kultur* Europas.« Ich schrieb, nach längerem Nachdenken, das gewichtige Wort: *Erdäpfel!*

Es ist merkwürdig, weshalb man an 18- bis 19-jährige Gehirne Anforderungen stellt, noch dazu bei Prüfungsaufregung, die die 40-jährigen unaufgeregten Gehirne auch nicht so ganz leisten könnten?!? Was Wunder, dass man unter diesen Umständen aus Verzweiflung zum Dichter wird?! Da braucht man Gott sei Dank nichts »Positives« zu wissen.

Die Kindheit

Als ich acht Jahre alt war und »Privatunterricht«
genoss, sagte man meinen Eltern, es sei für meine
»Entwicklung« notwendig, dass ich »öffentlich«
unterrichtet werde! Man schickte mich daher in die
»Herrmanns-Schule«, Schulerstraße. Ich verstand
kein Wort von dem, was vorgetragen wurde. Nach
acht Tagen war ich wieder »privat«. Überhaupt, wo
ich auch öffentlich lernte zeit meines Lebens, ich verstand nie ein einziges Wort. Das war bei mir »patho-
logisch«. Es begann schon im Gymnasium. Ich hielt
alles für chinesisch. Ebenso auf der »Universität«. Ich
hielt vor allem alles für überflüssig und verzwickt. Ich
wollte »das Leben direkt, nicht auf gelehrten Umwe-
gen«! In Stuttgart in der Hof-Buchhandlung wollte
ich in drei Monaten *das* theoretisch erlernen, was
die »angestellten Kommis« in fünf Jahren erst nicht
erlernen! Man sagte mir: »Die Praxis ergibt es!« Ich
erlernte weder Theorie noch Praxis. Es war langweilig und geisttötend, obzwar man wenigstens mit
»geistigen Werten« handelte. Ich floh von Stuttgart
mit ausgeborgtem Geld und hielt es in »Reichenau
bei Payerbach, Hotel Thalhof,« für fördernder. Da
war herbstlicher Wald, feuchtes Moos, Bergnebel, des
Brünnleins Plätschern bei Nacht. Ich vermisste »die
Arbeit« gar nicht, mein Vater sagte, er wisse nicht,
wohin ich steuere, aber es sei nicht seine Sache. Ich

steuerte in die Almen des Schneebergs. *Wohin* steu-
ern die *andern*? Pfui!

Der Hofmeister

Ich hatte einen Hofmeister, den ich fanatisch verehr-
te, den jetzigen Augenprofessor L. K. Meine um zwei
Jahre jüngere Schwester Marie, also zehnjährig, hatte eine Schweizer Gouvernante, Amelie Leutzinger.
Wir lebten infolgedessen drei Jahre lang ein wahres
seelisches Paradiesleben und beneideten niemanden,
denn wir waren zufrieden mit der ganzen Lebens-
konstellation im Elternhaus. Plötzlich glaubte Mama
zu erkennen, dass Hofmeister und Gouvernante sich
nicht ganz gleichgültig seien. Obzwar meine Schwester und ich das schon längst als ein festigendes Band
der gesamten Beziehungen im Elternhause nur mit
Freuden begrüßten und konstatierten, war Mama,
einer älteren und vorurteilsvolleren Generation ent-
sprossen, anderer, vor allem skeptischerer Ansicht
und sagte eines Tages ostentativ bei irgendeiner Gelegenheit zu meinem geliebten Hofmeister: »Sie sollen
sich ausschließlich, *ja ausschließlich* auf die Freundschaft mit meinem Sohne konzentrieren, verstehen
Sie mich?«
Ja, er verstand und kündigte.
Infolgedessen verweigerten meine Schwester und ich
durch drei Tage die Nahrungsaufnahme. Am vierten
Tag wurde die »Kündigung« seinerseits zurück-
genommen, und Amelie Leutzinger ging freiwillig

in die Schweiz zurück. Mein Vater sagte damals zu Mama: »Pauline, bitte, menge dich nicht mehr in so heikle Angelegenheiten unserer *Kinder* hinein!«

Mein Vater

Mein Vater war der überhaupt allergütigste Mensch, den es geben kann. Er war sogar den meisten ganz unverständlich, man kann sagen, mit den übrigen Sterblichen verglichen, hatte er eine Art von pathologischer und direkt aufreizender Gerechtigkeitsliebe. Er verteidigte zum Beispiel sein ganzes Personal, seine Dienstboten und ganz fremde Menschen gegen sogar jeglichen nur gesprächsweisen Angriff. Er sagte: »Bitte, lassen wir das. Sie wissen ja doch nicht das Genaueste darüber, also wozu?!« Mama sagte oft: »Papa, wir wissen schon, dass Victor Hugo dein Abgott ist, aber du bist monoton und langweilig mit deiner ewigen Gerechtigkeitsliebe, man meint es ja gar nicht so ernst, wenn man jemandem etwas Böses nachsagt, man will ja nur über das Einerlei hinüberkommen!«

Mein Vater wurde ganz verlegen bei solchen Ansichten, sagte nur ganz dezidiert: »Also gut, aber nicht in meiner Gegenwart!« Im Sommer lebte er, als »Holzknecht« verkleidet, in der Jagdhütte auf dem »Lakaboden«, Voralm des Schneebergs. Er stand um 4 Uhr auf und kochte Sterz und ging den Birkhahn betrachten in seinen Liebestänzen. Nie ging er mit dem Jäger. »Auf *das* schießen, pfui, *so aristokratisch* bin ich nicht, ich erfreue mich an ihrem schönen *Leben*! «

Einmal gab man ihm zwanzig Kronen, um Gepäck zum Baumgartnerhaus zu tragen. Man hielt ihn für einen »echten« Holzknecht, schönstes Geld seines ganzen Lebens! Mich hatte er besonders lieb, leider verstand er, wie viele viele andere, kein Wort in meinen »Skizzen«! Er sagte: »Dieser Victor Hugo! ›Les travailleurs de la mer‹, welche Phantasie, ›Les misérables‹, welche Spannung und Aufregung, ›1813‹, welche Historie, ›Han d'Islande‹, welche Katastrophe!

Aber du, kaum fängt es an, ist es bereits zu Ende! Und um was dreht es sich?! Kein Mensch weiß es. Es tut mir leid, in *das* werde ich mich nie hineinleben! Wieviel verdienst du wenigstens mit diesen Sachen?! «

Er war der biederste, anspruchsloseste, beste, zarteste, gerechteste, unbewusst philosophischeste Mensch in einer Welt, die er nie verstand. Er zog sich daher auf seinen bequemen, rotsamtenen, von allen Seiten mit genialen Schrauben verstellbaren Lehnstuhl zurück, konzentrierte sein Glück auf »ausgesuchte Trabukos« und belästigte niemanden mit eigenen Angelegenheiten. Er war ein »Weiser« und ein »Heiliger«. Ich selbst hatte nie die konventionellen Sohnesempfindungen für ihn, aber ich wusste es stets, dass er ein »Weisester« und in dieser korrupten Welt ein »Heiliger« war.

Er starb sanft ohne Krankheit in seinem 86. Lebensjahre.

Erste Liebe

Meine »erste Liebe« war Rosie Mischischek, gleich-
alterig mit mir, zwölf Jahre alt. Wir spielten täglich
»Verstecken« auf den Stufen des Theseustempels
im Volksgarten. Sonntags trug sie ein grünseidenes
Kleid, geputzt mit schmalen schwarzen Samtbändern,
nackte rundlich-eckige Schultern, offene Locken und
war überhaupt vollkommen. Wenn sie sich einbildete,
ein besonderes Versteck hinter Säulen gefunden zu
haben, so übersah ich sie absichtlich, lief an ihr vorbei,
auf die Gefahr hin, für einen Dummkopf gehalten zu
werden!
Ihr Glück war mir eben damals alles.
Eines Abends hörte mich meine wunderschöne Mama
in meinem Bette schluchzen und weinen.
»Was ist denn los?!«
»Rosie Mischischek hat mir beim Weggehen heute
nicht die Hand gegeben!« Das sprach sich herum.
Frau Mischischek machte ihrem Töchterchen sanfte
Vorwürfe: »Einmal interessiert sich jemand ernstlich
für dich, und du reichst ihm beim Weggehn vom The-
seustempel nicht einmal dein Händchen?!«
Rosie hatte am nächsten Tag, obzwar es nur ein ge-
wöhnlicher Wochentag war, das grüne seidene Kleid
an mit den schmalen schwarzen Samtmaschen, nackte

rundlich-eckige Schultern, offene Locken und ihr gewöhnliches süßes Wildkatzengesichterl.

»Du hast dich bei deiner Mama beklagt, dass ich dir gestern beim Weggehn nicht die Hand gegeben habe?! Da hast du sie heute zweimal, so, und für morgen gleich auch, wenn ich vergessen sollte, dummer Bub! «

Sie sah wunderbar erregt aus, eine kleine Furie, noch lieblicher, aparter als sonst. Sie sagte: »Mit dir spiele ich überhaupt nicht mehr ›Verstecken‹, du gehst *absichtlich* an mir vorüber, obwohl du mich ganz genau gesehen haben musst! Glaubst du, dass das lustig ist für mich? Dummer Bub! Geh und tratsche es wieder! «

So endete meine »erste, zarteste, rücksichtsvollste Liebe« in meinem zwölften Lebensjahre. Alle späteren waren *ebenso*! Nein, ärger, *kränkender*.

Das Hauskonzert

Ich spielte meinem Vater zum Geburtstag (mein fanatisch geliebter Lehrer Rudolf Zöllner, derzeit zweite Violine im Hofopernorchester, nachmaliger beliebtester Bürgermeister von Baden bei Wien, begleitete am Klavier) »klassische Stücke« vor, von Gluck, Haydn, Bach, Händel, was weiß ich?! Ich hatte einen süßen wunderbaren Ton, einen edelmusikalischen Ausdruck, aber Technik *Null*, nein, nicht Null, überhaupt nicht. Mein geliebter Lehrer sagte über mich: »Ein *Genie* ohne *Fähigkeiten*! Gerade das, was *dazugehört* im Leben, fehlt ihm, schade, man wird ihn nie anerkennen! *Obzwar er besser* ist!« Mein idealer Vater, mein rührend idealer Vater, kaufte mir infolge dieses intimen Konzerts eine echte »Peter Guarnerius« für sechshundert Kronen, die gleichsam von selbst sang, jauchzte, weinte, wenn man auch nur die C-dur-Skala auf ihr spielte!

Eines Tages kam mein jüngerer Bruder Georg vom Gymnasium nach Hause, während ich gerade »Kreutzer-Übungen« zu bewältigen suchte. Er sagte gelassen: »Für deine *Kratzer* ei hätte auch eine ›Marktgeige‹ um vierzig Kronen genügt!«

Infolge dieses kränkenden, durch nichts motivierten Ausspruches schlug ich ihm die Peter Guarnerius, 600 Kronen, auf seinen öden Gymnasiastenschädel. Leider zersprang nicht dieser, sondern die Geige. Bei Tisch sagte mein Vater: »Na, wenn er lieber auf einer Marktgeige weiterspielt! Ich habe es ihm gut gemeint! Georg, weshalb neckst du aber auch so einen exaltierten Burschen? Lasset ihn seinen Weg gehen, er wird ihn schon finden, hoffentlich! Er ist zwar mein Sohn, *aber verantwortlich bin ich noch lange nicht.*«

Der »Abgewiesene«

Es gibt tausend *Gründe*,
weshalb man dich *abweist*! *Trotz* deiner zarten Seele,
deinem zarten Verständnis und sogar trotz deiner sozialen und ökonomischen Stellung!
Weißt du denn, *was* alles war, sich *ereignet* hat,
bevor du, innerlich erbebend, zum ersten Male sie erschaut hast als dein *längst erträumtes* Ideal?!?
Glaubst du, *edler Törichtster*, sie habe bis zu ihrem 19. Lebensjahre darauf ge*wartet*, danach gleichsam hingestrebt *unentwegt*,
gerade *dir* zu begegnen am 12. Oktober 1915, abends ½ 8 Uhr, dort und dort?!
Willst du alles *verschütten*,
was sich *aufgebaut* hat
in ihrer tiefsten Seele seit ihrem,
sagen wir nur, 14. Lebensjahre?!
Weißt du, was sie in ihren geheimnisvollen jungen Märchen-Träumen sich *erträumt* hat?!
Kennst du die *Hunde*, die ihr das Köpfchen verdrehen wollten?!
Kennst du die *Träumer*, denen sie im Traum *erschien*?!
Kennst du das *Auf* und *Ab*, das *Hin* und *Her*
ihres von dir *zwar geliebten* aber bisher nicht *gekannten* Lebens?!
Was bist du also außer Fassung,
dass sie dich, Glühenden, *kalt abgewiesen* hat?!?

Sei froh! Sie wird deinen tieftraurigen Blick *nie verges-sen*! Nie!

Und wenn sie ihn *dennoch*,

im Drang *ihrer* Ereignisse des mannigfaltigen Lebens einer süßen Begehrenswerten,

von allen Seiten stürmt man an sie nämlich natur-gemäß heran,

vergessen sollte,

so wirst du, Tief-Trauriger, von *diesem* deinem verges-senen *abgewiesenen* Blicke

leben können,

falls du überhaupt *seelisch lebensfähig* bist!

Denn, siehe, was wirklich *war*, ganz tief drinnen, geht nicht *verloren*. Denn Gott selber *schützt* es dir in dir!

SPLITTER

De Amore

Der Freund des Geliebten ist für die Geliebte wie das Salz für die Speise. Jede noch so schmackhafte Speise wird überhaupt erst durch eine kleine Beimengung von Salz genießbar. Jede noch so nahrhafte Speise braucht einen Freund, pardon, ein Salz!

*

Die Ordnung

– – Wollt ihr mich täuschen, *mich*,
mit eurer *Ordnung*, eurer *scheinbaren*, fadenscheinigen, *Leben hemmenden* Ordnung eurer *Unordnungen*,
die sich nur *versteckt* halten?!
Der Vogel Strauß vergräbt seinen dummen Kopf im Sande
und *merkt* nicht, dass die geschickte Flinte auf sein dummes Herz gerichtet ist!

*

Die Meinung

In der »Gesellschaft« hält man es für sehr »anregend«,
die *verschiedenen* Ansichten und Meinungsunterschiede über dasselbe Thema zu hören! Ich halte es für *anregender*, wenn *einer* die *richtige* Meinung darüber sagt und die *andern lauschen*!

*

Der Naturfreund

Der Ski-Fahrer hat eine solche Angst davor, den einzelnen Baum und den melancholisch-düsteren Bergwald *bewundern* zu sollen, dass er es vorzieht, an ihm pfeilgeschwind *vorüberzusausen*, zumal man ihn doch für einen »Naturfreund« halten wird. Denn mitten drin hat man ihn ja gesehen!

*

Im Gasthaus

»Entschuldigen, mein Herr, ich sehe Sie Tag für Tag
diese großen Bohnen in Speck gekocht essen, nur dieses eine Gericht. Es ist ja sehr lecker bereitet.
Aber täglich und nur?! *Mundet* es Ihnen denn?!«
»Nein, es ›*gehirnt*‹ mir.«

*

Ideal-Kompliment

»Mein lieber Peter, alles kann man Ihnen nachsagen,
aber *weitschweifig* sind *Sie nicht*!«

DIE SEELE

Seele des Menschen,
du *kannst* nur *durch Leid* wachsen,
dich vertiefen, stark werden, gedeihen.
Weshalb sträubst du dich also gegen dein Leid, das dir
nur *Segen* bringt und *Menschentum*?!
Betrachte doch einmal genau die Seelen, die *ohne* Leid
sind! Ausgedörrt sind sie, ohne *Tränen-Tau*!
Hunger tut weh, aber »Sattsein« tut vielleicht *noch we-
her*, deinem Menschentum nämlich in dir!
Saget mir *ja nichts* vom gesunden und wichtigen »Erhalten der Kräfte, die man hat«.
Nein, Stoff-*wechseln*, auf dass durch Gnade deines
Schicksals
du aus deinen engen grauen moderigen Hüllen

endlich beweglich in die lichte Wahrheit fliegest!
Diogenes *kann* bleiben wie er ist, und Sokrates.
Aber ihr anderen, Millionen, *sputet euch doch*
aus euren Lüge-Fetzen-Hüllen
zur wärmenden Sonne der Wahrhaftigkeiten!
Bleibt ihr am Wege *dabei* kraftlos *liegen*, ist's immer noch
bei eurer *schamlos-konservativen* Trägheit eine *Art von Sieg*!

TREULOSIGKEIT

Geliebte oder Ungeliebte, je nachdem,
du *hältst mich auf* in den *Erneuerungen* meines unruhigen rastlosen Selbst! Du fürchtest mein werdendes *Werden*!
Du weinst?! Du kränkst dich?! Du siehst mich *deinem Zauber vorzubeugen* freundschaftslos beflissen?! Nur dem Zauber, der mich leider *fesselt*!
Was liebtest du denn an mir, achtetest, ja verehrtest du einst sogar romantisch?! Meine *Wege*,
nach *irgendwo* anders, *stets* aber *aufwärts*!
Ja, Marie Susanne, so *begann* es!
Für mich aber *muss* es so *bleiben* und so *enden*! *Enden*, *um* zu bleiben! Also bin ich treu.
Man liebt nicht einen Geigenspieler um seines tiefen Geigens willen,
und später wird man eifersüchtig auf die Geige!

Wer dich berauscht, Frau, in seinen *höchsten* Menschlichkeiten, die er zu bieten hat hienieden, *nicht nur* dir,
den darfst du *später*, ängstlich zaghaft,
unsicher deiner eigenen *einstigen* unbegrenzten See-
lenkräfte und Opferfreudigkeiten,
nicht herunterzwingen wollen in das Speisezimmer,
wo der Tisch bequem und einladend für ihn gedeckt
ist!
Schreite *mit ihm*, indem du ihn *allein* schreiten lässt.
Und der ewige Schimmer deiner Märtyrer-Krone
wird sich mit dem Licht *vereinigen*, bei dem er am
Ende seines Weges *anlangt*, ohne dich!

DIE NACHT

Die Nacht vergeht nicht. Dabei gedenkst du natürlich
aller deiner tausend unnötigen Sünden. Trotzdem oder
deshalb eben vergeht die Nacht nicht. Wie dumm hast
du gelebt oder vielmehr *nicht* gelebt, bist eigentlich nur
so gleitend hingestorben, hast kein Bismarck-Gehirn
gehabt, hast dich nicht selbst dirigiert, diese einzige
richtige Aufgabe des Mannes! Tausend Dinge haben
dich von dir selbst weggetrieben, haben dir deine dir
innewohnende besondere Lebenskraft geraubt, haben
dich weggetrieben von deinem besten Selbst!
Deshalb vergeht dir die Nacht nicht.
Weil die Zahl deiner dummen und unnötigen Sünden
viel zu groß ist.

Musstest du damals?! Nein, du musstest eben gar nicht, gerade nicht in dieser dir allzu gefährlichen Beziehung! Weshalb also tatest du es dennoch?! Damit die endelose Nacht dir die menschliche Gelegenheit gebe, dein steinernes Sündenleben ewig gleichsam in Erinnerung zu bringen und dich züchtige für dein allzu wenig Mensch-gewesen-sein diese lange, wertvoll-bange Zeit deines Lebens hindurch!

Deshalb vergeht dir deine Nacht nicht!